AF233750

LÉON DAUDET

HORS DU JOUG ALLEMAND

MESURES D'APRÈS-GUERRE

9ᵉ MILLE

NOUVELLE LIBRAIRIE NATIONALE

11, RUE DE MÉDICIS, PARIS

MCMXV

LÉON DAUDET

HORS DU JOUG ALLEMAND

MESURES D'APRÈS-GUERRE

NOUVELLE LIBRAIRIE NATIONALE

11, RUE DE MÉDICIS, PARIS

MCMXV

HORS DU JOUG ALLEMAND

DU MÊME AUTEUR

A LA NOUVELLE LIBRAIRIE NATIONALE

Une campagne d'Action Française, 1 vol.. . . . . 3.50
L'Avant-Guerre, 1 vol. 3.50
Fantômes et Vivants, 1 vol. 3.50
Devant la douleur, 1 vol. 3.50

CHEZ A. FAYARD

Le Bonheur d'être riche, 1 vol. 0.95
Les Deux Étreintes, 1 vol. 0.95
Ceux qui montent, 1 vol. 3.50

CHEZ E. FASQUELLE

BIBLIOTHÈQUE CHARPENTIER

Ouvrages in-16 à 3 fr. 50

Germe et Poussière . . . . 1 vol.
Hœres . . . . 1 vol.
L'Astre noir . . . . 1 vol.
Les Morticoles . . . . 1 vol.
Les Kamtchatka . . . . 1 vol.
Les Idées en Marche . . . . 1 vol.
Le Voyage de Shakespeare . . . . 1 vol.
Suzanne . . . . 1 vol.
La Flamme et l'Ombre . . . . 1 vol.
Alphonse Daudet . . . . 1 vol.
Sébastien Gouvès . . . . 1 vol.
La Romance du temps présent . . . . 1 vol.
La Déchéance . . . . 1 vol.
Le Partage de l'Enfant . . . . 1 vol.
Les Primaires . . . . 1 vol.
La Lutte . . . . 1 vol.
La Mésentente . . . . 1 vol.
Le Lit de Procuste . . . . 1 vol.
La Fausse Étoile . . . . 1 vol.

CHEZ E. FLAMMARION

La France en alarme . . . . 1 vol.
Le Pays des Parlementeurs . . . . 1 vol.

LÉON DAUDET

HORS DU JOUG ALLEMAND

MESURES D'APRÈS-GUERRE

NOUVELLE LIBRAIRIE NATIONALE

II, RUE DE MÉDICIS, PARIS

MCMXV

A

JACQUES BAINVILLE

qui vit venir la guerre européenne et ne cessa, depuis sept ans, d'avertir quotidiennement ses compatriotes du danger qui les menaçait.

Son ami,

L. D.

Mars 1915.

HORS DU JOUG ALLEMAND

MESURES D'APRÈS-GUERRE

AVANT-PROPOS

La présente étude, écrite pendant que retentit encore le fracas des armes, se propose d'établir, dès maintenant, les grandes lignes d'une réaction nationale contre l'influence et l'action allemandes. Cette réaction parachèvera l'effort admirable de nos soldats. Elle en sera le complément indispensable. Quel que soit le traité qui réglera, après la terrible guerre de 1914-1915, le nouveau statut des Allemagnes, délivrées du joug prussien et rendues à leur autonomie, il importe que ce traité soit appuyé par la continuité de l'énergie des alliés. Je ne m'occupe ici que de l'énergie française, laissant aux écrivains belges, anglais et russes la part de combat analogue qui leur revient, contre l'ennemi commun, sur le plan de la connaissance et de l'in-

dustrie. C'est dire que mon point de vue, dans ces pages, est beaucoup plus celui du patriote et du moraliste que celui de l'économiste. D'autres, plus qualifiés, ont traité ou traiteront de la technique des échanges commerciaux et de la défense économique. Car il est très clair que ces échanges continueront, bien que profondément modifiés, après la guerre et qu'on ne supprime point les contacts avec une voisine, même morcelée, de 65 millions d'habitants. Il importe que ces contacts et ces rapports concourent désormais à notre avantage, au lieu de concourir à celui des Allemands et de leurs complices les Autrichiens. J'exprime ici les raisons qui rendent ce renversement de la situation subie par nous, depuis le traité de Francfort, non seulement nécessaire, mais légitime. L'Allemagne, à travers sa prospérité, n'a jamais abandonné un certain fonds barbare et brutal, qui a toujours progressé et fructifié avec elle dans la seconde moitié du dix-neuvième siècle et au début du vingtième. Il est même arrivé que sa culture, dont elle est si fière, a contribué à la démoraliser. Je vais examiner dans quelles conditions. Ensuite, j'exposerai comment elle avait adapté cette barbarie voulue, systématique, à ses projets de domination, d'impérialisme universel.

Chemin faisant, j'établirai comment, à mon avis, il sera possible d'empêcher désormais nos mauvais voisins de nous empoisonner avec leurs doctrines perverses, de nous menacer avec leurs dangereux établissements.

L'ordre d'analyse que j'adopte ici, c'est-à-dire de l'esprit vers les perfectionnements matériels, de l'idée vers les réalisations, est celui qu'a suivi historiquement l'Allemagne, en même temps qu'il est le processus habituel des nationalités en expansion.

PREMIÈRE PARTIE

LES AGRESSIONS DE L'ESPRIT ALLEMAND

Ce qu'il y a de personnel, dans les pages qui vont suivre, se trouvera excusé par le fait que mon cas fut celui de presque tous ceux de ma génération, dans le domaine de l'enseignement supérieur et des professions libérales. Alphonse Daudet nous avait baptisés « les petits de la défaite » et s'étonnait de l'engouement qui se manifesta parmi nous pour la métaphysique et la science allemandes, entre 1880 et 1895 environ, c'est-à-dire vers le temps du parachèvement de notre formation intellectuelle. Je dois y insister, parce qu'il y eut là un phénomène presque général, fort important, et qui ne me paraît pas avoir été suffisamment relevé jusqu'à présent.

Avant la guerre de 1870-71, cet engouement existait déjà et les noms de Michelet, de Quinet, de Renan en expriment en quelque sorte l'apogée. Les deux premiers admiraient et chérissaient une Allemagne philanthropique, humanitaire qui n'existait certes que dans leurs rêves, assez semblable à celle qu'envisagea aussi Victor Hugo et qu'il exalta d'une façon si étrange dans certaines pages de son *William Shakespeare*. Le troisième fut profondément remué, au temps de ce qu'il appela son « encéphalite », par la métaphysique allemande. Ce fut elle qui l'arracha à la vocation religieuse et il s'est exprimé là-dessus dans des pages et des lettres trop connues pour que j'y insiste. Mais, — si l'on excepte la rébellion profrançaise de Pasteur, qui est presque unique, — il ne semble pas que la victoire de l'Allemagne à nos dépens ait interrompu, bien au contraire, cette conquête de la jeunesse intellectuelle française commencée avec nos grands-pères. Glissé profondément dans nos veines, le venin continua d'y progresser, plutôt augmenté par le prestige de leur succès que diminué par la rancune de notre abaissement.

J'ai raconté ailleurs, mais sans y insister, comment, aux environs de 1885, à Louis-le-Grand, en philosophie B, notre professeur Burdeau, qui depuis fut un personnage important du régime, nous inculquait méthodiquement, intensément, le criticisme kantien. Fils d'artisans lyonnais, démocrate quasi mystique,

féru de Gambetta et de son groupe, Burdeau
panachait d'allocutions patriotiques ses conférences sur le philosophe de Kœnisgberg, et
c'était là un des mélanges les plus bizarres
qu'il soit possible d'imaginer. Moins bizarre
cependant si l'on considère que Burdeau ché-
rissait surtout en Kant l'apôtre de Rousseau et
l'adepte de la Révolution française. Depuis j'ai
souvent réfléchi à cette apparente antinomie,
chez le maître en qui nous avions une si grande
confiance intellectuelle, et je l'ai aisément réso-
lue dans le sens même des passions violentes
qui l'animaient.

LE KANTISME ET SES DÉRIVÉS

Voici comment procédait Burdeau, et je me
suis assuré que son procédé a été suivi par un
grand nombre de pédagogues appartenant à la
même formation que lui ; il était d'une ingéniosité assez retorse :

Pendant les trois premiers mois de l'année, il
nous gava d'évolutionnisme anglais, d'Herbert
Spencer et de Stuart Mill, voire d'Alexandre Bain,
qui sont bien la nourriture la plus indigeste qu'il
soit possible d'imaginer. Autant les ouvrages de
Darwin, qui a été si mal compris et tourné en
caricature solennelle par les anticléricaux français
comme par les allemands, sont amis de la mé-

moire et remplis de remarques ingénieuses, tirée s toutes fraîches de la nature, autant Spencer est lourd, ratiocinateur, peu assimilable. Ni lui, ni Stuart Mill, cependant plus fin, ni surtout Alexandre Bain ne satisfont cette soif de l'abstrait, si vive aux environs de la vingtième année, qui, littéralement, nous dévorait.

Lorsque notre maître nous jugea à point, il nous ouvrit brusquement la *Critique de la Raison pure* qu'il interprétait avec la plus haute éloquence, et nous en demeurâmes éblouis.

Aujourd'hui encore, je revois la salle haute et grise où nous apparut l'analytique transcendantale, où nous fut révélée la distinction du phénomène et du noumène. Burdeau possédait dans la perfection le vocabulaire philosophique allemand. Plusieurs d'entre nous parlaient l'allemand de façon courante, car il avait été décidé, je ne sais pourquoi, après la guerre, qu'une condition de la revanche, c'était de pratiquer à fond la langue de son ennemi. De sorte qu'après une explication préalable en français, la pensée du père de tous les casse-tête chinois du dix-neuvième siècle nous apparaissait dans sa nudité anguleuse et guerrière. Il est difficile d'exprimer le charme profond, l'attrait de difficulté surmontée qu'avaient pour nous ces exercices. Il nous semblait que le monde extérieur, se rabattant sur le plan de la conscience, prenait au-dedans de nous une signification toute neuve, que nous allions marcher de découverte en découverte. Nous nous explorions, dans nos coins et recoins, comme une terre inconnue, environnée de merveilleux paysages. Jamais, au cours de l'existence, je n'ai plus retrouvé cette magie, cette griserie, cette euphorie, comparable seulement à celle de l'opium, alors que la douleur disparaît comme une reine courroucée, traînant derrière elle un bruissement de soie.

Quand je faisais allusion à ces extases devant Alphonse Daudet, il s'écriait : « De mon temps, la classe de formation intellectuelle était la rhétorique. Aujourd'hui elle est supplantée par la classe de philosophie. » Rien de plus vrai. Les humanités telles qu'on les concevait autrefois, comme les condensatrices et fixatrices de toutes les aspirations au bien et au beau qui animent les cœurs de vingt ans, les humanités étaient remplacées, sur nos autels intérieurs, par la métaphysique allemande. Invasion non moins redoutable que celle de 1870 et où je découvre aisément, après trente ans écoulés, l'origine de la plupart des erreurs qui ont troublé ma génération.

Car, je dois y insister au seuil de cette étude : c'est toujours sur les sommets que s'allument, avec les erreurs, les incendies de la morale et de la société. Les grandes commandes intellectuelles, par lesquelles sont mues et modifiées les tendances d'une nation pour vingt-cinq ou cinquante années, ont leur direction de haut en bas, comme les commandes cérébro-nerveuses de l'organisme. Elles vont de la métaphysique à l'acte, de la pensée abstraite aux conséquences concrètes et de l'axiome philosophique à la force de loi. Toutes ces conceptions sont motrices et celles mêmes qui semblent le plus nébuleuses, le plus éloignées de toute contingence, sont aussi celles qui passent quelquefois le plus vite à la réalisation. C'est ainsi que le paradoxe, ou la fausse vision, ou le préjugé d'un professeur en Sorbonne ou au Collège de France sont mille fois plus dangereux et nocifs que le blasphème d'un maître d'école. La plupart du temps, ils le précèdent et le motivent. Que de fois n'ai-je pas retrouvé, dans les manuels condamnables et condamnés de ces dernières années, le lointain reflet, le remous significatif, l'écho très reconnaissable des leçons de philosophie où nous étaient donnés comme le dernier mot de la sagesse ici-bas la *Critique du jugement* et le *Fondement de la métaphysique des mœurs.*

Burdeau ne nous présentait point le kantisme historiquement, ainsi qu'une doctrine comparable à d'autres, discutable comme elles. Il nous disait : voilà la vérité. Les catégories de l'esprit et l'impératif catégorique devenaient ainsi à nos

yeux la loi et les prophètes. Je m'indignais de
lire dans Henri Heine d'irrévérencieuses plaisanteries sur Kant. son fidèle Lampe et les professeurs
à lunettes et à perruques. Je ne pouvais alors,
comme je le fis plus tard, déceler chez Henri Heine
l'étroite adaptation du tempérament sémitique au
tempérament allemand et, derrière un ricanement de pure forme, les premiers balbutiements
de messianisme impérialiste. Heine avait le tic du
sarcasme, mais, plus loin que ses relations parisiennes ou son goût des paysages montmartrois,
sa tendresse sincère allait à la Germanie, à sa
fourbe narquoise, à ses « choux verts aux châ-
taignes », à ce qu'il discernait en elle de grandissant et de robuste. Il raillait, en les admirant,
la brutalité allemande et les « casques à pointe
de la cavalerie ». Il a présagé, dans une page
célèbre, leur avènement. On croit y voir un
papillon diapré voltigeant au-dessus d'un canon
du dernier modèle Krupp. J'imagine très bien sa
signature au bas du manifeste si tragiquement
comique des intellectuels d'outre-Rhin et j'entends
d'ici des plaisanteries que lui eût inspirées l'incendie de la cathédrale de Reims. La Prusse est
injuste envers ce poète délicieux, amer propagateur du lyrisme allemand et qui, en dépit des
strophes ambiguës de sa *Germania*, tenait une
corde d'airain toute prête pour la célébration
de la prochaine victoire. A peine l'eût-il poissée,

çà et là, de quelques gouttes de son fiel sucré.

Les mots de *sérieux* et de *sévère* sont de ceux que Kant, ses disciples et les auteurs allemands répètent le plus volontiers; et certes il convient de traiter sérieusement les questions sérieuses. Mais je ne songe point sans sourire au ton grave, recueilli, sur lequel nous énoncions, sous l'égide de Burdeau, les axiomes de la raison pure : *Toutes les intuitions sensibles sont soumises aux catégories, comme à des conditions sous lesquelles seulement leur diversité peut être ramenée à l'état de conscience.* On eût dit qu'il se fût agi d'un catéchisme transcendant, auquel jamais la suite des temps ne soustrairait une parcelle de sens, ni une parcelle de texte. Après l'énoncé et avant la démonstration, laquelle a trait généralement à des paragraphes antérieurs numérotés, le lecteur devait garder un religieux silence, pendant lequel chacun de nous s'imprégnait de la sentence et la méditait. Souvent le maître reprenait la phrase en allemand, nous en faisant valoir la solide architecture. Il nous insinuait que, si le français a ses charmes et ses qualités de lumière et de vitesse, l'allemand est peut-être davantage la langue de la pensée pure. Tout au moins c'était cela qui ressortait de ces émouvantes, de ces bouleversantes leçons, et c'était cela qui était dangereux.

L'allemand, langue de la pensée pure! Que

de fois cette affirmation monstrueuse m'est revenue dans des conversations ou dans des discussions écrites, dans des ouvrages contemporains,
dans des allusions à peine voilées, comme apparaît par transparence le filigrane d'un papier
blanc! Alors qu'au contraire le vocabulaire indéfiniment extensible de la métaphysique allemande, par l'abus des termes composés, rappelle
les mots agglutinés des sauvages; alors que ce
jeu de marqueterie spéciale donne une fausse et
trompeuse sécurité à l'esprit. C'était le temps où,
dans les nouvelles traductions de Kant, presque
chaque mot français était suivi du mot allemand
original en italiques et entre parenthèses, tant le
traducteur rougissait de sa besogne sacrilège,
tremblait de s'écarter de la voie sainte. De ces
phrases de Patagon géomètre, Burdeau disait :
« Cela est beau en soi. » Cet « en soi » avait
toute la rigueur, tout le tranchant de l'école.
C'est ainsi que ces classes de philosophie devenaient plus exactement des classes de germanisation. Il était entendu que l'Allemagne avait
commis, quinze ans auparavant, le crime de nous
arracher l'Alsace-Lorraine et de nous imposer le
traité de Francfort; mais ne nous ouvrait-elle pas
de plus près, comme compensation, le trésor du
criticisme kantien? Je n'exagère pas. J'ai entendu
ce blasphème dans la bouche de plus d'un de
mes camarades. Si je n'avais pas eu, à la mai-

son, le contre-enseignement ardemment patriotique et antikantien d'Alphonse Daudet, Latin
entre les Latins, pour contre-balancer une telle
influence, sans doute aurais-je cédé, moi aussi,
à l'engouement général et remis au « géant de
Kœnigsberg » toutes les clés de mon jeune cerveau.

Mon but n'est pas d'entreprendre ici une réfutation en règle des doctrines de Kant, réfutation
qui sera une des plus salubres et des plus indispensables besognes de la renaissance française de
demain : Kant et ses dérivés ayant envahi la
philosophie française, la morale et l'enseignement
en France à la façon des hordes du kaiser. Je
n'insisterai pas non plus, outre mesure, sur ce
fait que le criticisme kantien est à la base du
modernisme, tel que l'a condamné le pape Pie X.
C'est surtout aux théologiens à faire ressortir ce
point de vue, par lequel s'expliquent la persistance et la virulence particulières du poison
moderniste en Allemagne. Je veux seulement
marquer ici les deux principaux risques que la
Critique de la Raison pure et la *Critique de la
Raison pratique* font courir à la raison humaine
et à notre esprit national.

Quant à la *Critique de la Raison pure* : la
distinction fondamentale, irrémédiable, entre le
noumène et le phénomène, entre le moi et le
non moi, aboutit à découronner la science de

son caractère de certitude et à détrôner la raison.
Notre prétendue incapacité à concevoir l'essence
des choses et des êtres nous impose l'état de
doute, de fantaisie, d'arbitraire permanent, nous
engourdit quant au monde extérieur, et se perd,
tantôt dans un scepticisme morne et boudeur,
tantôt dans un altier refus de conclure. C'est
l'école de la paralysie mentale, du rêve à vide,
de la chimère divinisée. A chacun sa nuée, et
défense de s'entendre sur quelques principes fon-
damentaux qui ne soient ni restrictifs, ni prohi-
bitifs, ni négatifs, défense d'être reliés (religio).

J'entends bien qu'employant à tort et à travers
le vocabulaire de leur plus tyrannique philosophe, les Allemands ont prétendu faire de
« l'objectivisme » une marque nationale, notamment en histoire, dans cette histoire déformée
par eux au contraire selon un « subjectivisme »
éhonté. Il n'en reste pas moins que tous les systèmes fondés sur le sensible au détriment de la
Raison, soit en Allemagne, soit en France,
doivent se réclamer d'Emmanuel Kant. Il est le
père de cette loucherie, de ce que j'appellerai
cette diplopie mentale, qui décompose le relief de
la vie, du réel, en deux éléments désormais inca-
pables de se rejoindre : le concevant et le conçu,
le percevant et le perçu, le sentant et le senti.
Par cette fissure s'écoulera donc toute la substance philosophique que nous devons à Aristote,

à Platon et à saint Thomas. Ainsi s'instaure un vertige nouveau, résidant en la soumission progressive de l'intelligible au sensible, celui-ci absorbant de plus en plus celui-là : vertige nuisible à l'âme française, ainsi que l'ont démontré les trente-cinq dernières années de domination du kantisme en France, sous des noms et des masques différents. Il était temps que la date guerrière et libératrice de 1914 mît une barrière à ce débordement. Un des plus beaux privilèges des armes est de restaurer les valeurs de tout genre, et principalement intellectuelles, antérieurement négligées ou reniées.

Kant est ainsi et avant tout maître d'orgueil, maître d'infatuation d'esprit. D'orgueil il gonflait nos poitrines à Louis-le-Grand et plus tard. C'est ce qui donne à sa source d'erreurs un jet et un débit si puissants. Honneur au philosophe français, issu de notre victorieuse résistance à l'Allemagne, et qui, demain, aveuglera cette source empoisonnée. Un des moins contestables axiomes émis par un autre de leurs maîtres est que « l'attente crée son objet ».

Quant à la *Critique de la Raison pratique*, elle n'est qu'une traduction algébrique et rigoriste des doctrines de Jean-Jacques Rousseau, que la mise en style de « chancellerie philosophique », — selon le mot de Schiller, — de cette émancipation sentimentale et psychosociale chère au philosophe du *Contrat social*, de l'*Émile* et des *Confessions*. On connaît le mot profond du savant allemand Dubois Reymond : « Rousseau a été notre Christophe Colomb. » Kant écrivait en 1764 : « Il fut un temps où je pensais que la recherche de la vérité constitue la dignité de l'espèce humaine... Rousseau m'a tiré de mon erreur. J'apprends à connaître le véritable prix de l'homme. » Kant et Jean-Jacques sont ainsi devenus, grâce à l'imprégnation du premier par le second, en quelque sorte consubstantiels.

C'est un des cas les plus singuliers de la littérature européenne que cette affinité, élective pour le coup, des philosophes allemands de la Sturm-und-Drang période, et du stade immédiatement consécutif, quant à Rousseau. Elle va de Jean-Georges Hamann, le « mage du Nord », — chez qui la culture grecque est reprise par l'esprit sémitique et l'esprit de la Hanse mêlés, — de Herder, de Jacobi, à Basedow et à Pestalozzi. Si l'on voulait délimiter le champ de ce véritable mimétisme intellectuel, il faudrait examiner une vingtaine d'écrivains et de penseurs de valeur inégale, mais tous dominés, subjugués par Jean-Jacques. L'explication en serait impossible, si l'on ne considérait que Jean-Jacques luimême est une dérivation très directe de Martin Luther et que son introspection passionnée est une fille indéniable du libre examen. Avec son ton pleurard et déchiré qui lui ouvre toute la faiblesse des cœurs, Jean-Jacques représente la branche féminine de cette véritable insurrection intérieure dont Martin Luther avait été, deux siècles auparavant, la branche mâle. Chez l'un comme chez l'autre, le moi est devenu le centre du monde, la conscience sensible est divinisée de telle sorte que la Raison passe au rang de très humble servante et que l'humeur, larmoyante ou brutale, prime délibérément la logique.

On sait où mène, a toujours mené et mènera ce chemin : à l'individualisme. Avec Rousseau, dans une formule neuve et dont l'harmonie verbale en imposait, l'ingenium allemand retrouvait le filon de la Réforme, ce qui jadis l'avait bouleversé, soulevé, dominé. Il se reconnaissait lui-même, sous un nom et un costume différents. Cela éclate dans le texte même de la loi fondamentale de la Raison Pratique : *Agis de telle sorte que la maxime de ta volonté puisse toujours valoir en même temps comme principe d'une législation universelle.*

Arrêtons-nous sur ces paroles, mères de tant de déchaînements, comme sur un moment décisif. En arrière de l'heure où elles sonnaient, nous apercevons, avec Luther, les principaux chefs de la Réforme, doctrinaires, insurgés, pamphlétaires, législateurs, — avec Rousseau, les directeurs du jacobinisme et tout ce qu'on a appelé la

Terreur. En avant, voici Fichte, Stein et Bismarck, le nationalisme guerrier allemand issu du criticisme kantien, par extension du « moi » sacré et intangible à la nation allemande. Il n'y avait plus, en effet, qu'à nationaliser ce principe essentiel de l'individualisme, formulé par le théoricien de Kœnigsberg, pour aboutir d'abord à la crise de 1813, ensuite à celle de 1870, enfin à celle de 1914, complémentaire des précédentes. Cette formule, transportée de la métaphysique dans la politique, est devenue celle de l'impérialisme germanique. Elle a créé des légions, fondu des canons, armé tout un peuple pour la conquête et la préparation à la conquête. Bien loin qu'il y ait deux Allemagnes, l'une pacifique et débonnaire, l'autre brutale et altérée de sang, comme on nous le racontait naïvement, ici et là, dans les premiers jours de la guerre actuelle, l'Allemagne casquée et cuirassée est issue, Minerve caricaturale, du cerveau de ses philosophes. Ayant constaté cette filiation, nous allons la serrer d'un peu plus près. Mais, dès maintenant, qu'importe que Kant ait célébré, comme l'avait fait « le Newton des sciences morales », comme Rousseau, la paix universelle des hommes groupés autour de l'impératif catégorique et chantant des hymnes à la gloire de la chose en soi! Qu'importe..., si le même Kant a gravé, sur le faîte du peuple allemand, soumis dévotement à ses maximes, la loi d'orgueil et de domination d'où devaient sortir, comme d'une forteresse géante, tous les sentiments belliqueux et barbares de la Prusse au dix-neuvième et au vingtième siècles. Aveugles ceux qui, s'obstinant à nier les méfaits du kantisme, le considèrent comme un modérateur et un régulateur de la brutalité allemande, parce que celui qui l'a promulgué était un frileux solitaire aux manières de petit bourgeois septentrional. Ils écoutent la chanson placide et bénigne, sans comprendre le sens combatif des paroles, sans savoir ce que le conseil ou mieux l'ordre métaphysique comporte de déflagrant et de brisant. Il n'est ni mitrailleuse, ni mortier, qui porte aussi loin, cause autant de ravages qu'un tel axiome dans une bouche aussi autorisée. D'ailleurs on peut en suivre les conséquences et les dégâts à la piste parmi les successeurs d'Emmanuel Kant.

Le premier, pour l'influence et l'action, est incontestablement Jean Gottlieb Fichte.

FICHTE ET LA SYSTÉMATISATION ALLEMANDE

Les *Discours à la Nation allemande*, prononcés dans l'hiver de 1807-1808 à l'Académie de Berlin, autour de laquelle sonnait le pas des patrouilles françaises, mènent de l'individualisme kantien à la conception belliqueuse de la prédo-

minance nécessaire de l'État allemand. Ils constituent le plus bel exemple de ce que peut une
pensée forte — bien que fausse en ses prémisses,
— pour le relèvement d'un pays. Fichte a parlé à
l'orgueil de son peuple, momentanément abaissé,
et cet orgueil lui a répondu. Il a étendu à sa nation la loi fondamentale de la raison pratique et
il l'a modifiée ainsi : *Agis de telle sorte que la
maxime de ta volonté puisse toujours valoir en
même temps comme auxiliaire de la suprématie
allemande.* Le fond de ces fameux discours, c'est
qu'il appartient à la race allemande de prendre la
tête de l'humanité. Pourquoi cela? Parce qu'elle
est le peuple type, parce que *l'allemanité* des Germains leur donne « la puissance de s'étendre à
tout et de tout absorber dans leur nationalité ».
Parce que « leur langue, au lieu d'être fixée et
partant morte comme les néo-latines, reste perpétuellement vivante et en progrès ». Parce que
« ce perpétuel progrès, ce constant devenir les
rapprochent de plus en plus de la pensée parfaite
et divine ». Telles sont les grandes lignes de
l'effort fichtéen, dégagées par M. Léon Philippe
dans une introduction magistrale aux *Discours*.
Fichte est ainsi l'ancêtre reconnu et sanctifié du
pangermanisme allemand. L'écho de sa voix se
retrouve jusque dans l'historien Henri de Treitschke et dans son *Histoire de l'Allemagne au
XIXe siècle*, commencée en 1871, où on lit ceci :

« J'écris pour des Allemands. Notre Rhin coulera
encore longtemps dans son lit avant que les étrangers nous permettent de parler de notre patrie
avec le sentiment d'orgueil qui respire dans les
histoires nationales des Anglais et des Français.
Il faudra bien qu'à l'étranger on s'habitue aux
façons de penser de la nouvelle Allemagne. » Ce
ton combatif vient des *Discours à la Nation allemande*. Écoutez plutôt cette affirmation tirée du
premier discours : « Je parle pour des Allemands...
La caractéristique de notre allemanité est précisément d'empêcher notre fusion avec un peuple
étranger et notre disparition en lui, et de nous
créer une nationalité indépendante de toute autre
puissance. »

Extérieurement, pour parer à la censure mena-
çante de l'envahisseur, il s'agit simplement, dans
ces discours, de la nouvelle éducation à inculquer
à la jeunesse. En réalité, Fichte y donne à la
nation allemande la table de sa nouvelle loi. Il le
fait avec une remarquable connaissance des conditions de la propagande d'idées en général, et
des idées capables de mouvoir un auditoire en
particulier. Ce qu'il soutient, ce qu'il développe,
est encore soutenu et développé aujourd'hui dans
les universités allemandes. Ses imitateurs n'ont
pas ajouté grand'chose à son argumentation passionnée.

Tout d'abord, nul mieux que lui n'a compris

l'importance extrême du langage comme levier ethnique et politique. « Qui tient sa langue tient la clé qui de ses chaînes le délivre », a dit notre grand Mistral. Fichte fait du langage la pierre angulaire de son système. Voici quelques-unes de ses affirmations, qui deviendront le point d'appui de la thèse développée par lui, à savoir : que la direction du genre humain appartient à ce qu'il appelle l'allemanité : « La première différence entre la destinée du peuple allemand et celle des autres de même origine est la suivante : le peuple allemand a conservé la demeure des ancêtres et leur langue ; les autres ont émigré sous d'autres cieux et adopté une langue étrangère, en la façonnant à leur individualité. Ce caractère distinctif et primitif doit expliquer ceux qui apparaissent ensuite, tels que la persistance, dans sa patrie d'origine, de l'antique usage germanique qui solidarise tous les États dans une alliance commune, sous la haute direction d'un chef dont les prérogatives sont assez limitées. » Voilà, définis à l'avance, les Hohenzollern.

Un peu plus loin, cette forte maxime : « Le langage forme les hommes, bien plus qu'ils ne le forment. »

Plus loin encore : « Quelle incommensurable influence exerce la langue sur le développement d'un peuple! Elle suit l'individu jusqu'en ses pensées et ses désirs les plus secrets, aux profondeurs de son être; elle les retient ou leur donne libre essor : elle fait, de toute la nation qui la parle, un tout compact, soumis à ses lois. C'est le seul lien véritable entre le monde des corps et celui des esprits. Elle en opère la fusion, au point qu'on ne saurait dire auquel des deux elle appartient véritablement. Quelle différence, dans la vie pratique, entre les peuples qui penchent ainsi du côté de la vie et ceux qui penchent vers la mort! »

Ceux qui penchent vers la mort, dans l'esprit de Fichte, ce sont les néo-latins, c'est-à-dire, bien entendu, surtout les Français. Pour lui, la langue allemande est vivante dans toute son étendue, depuis ses racines jusqu'à ses sommets abstraits, qu'il appelle sa partie « supra sensible ». Au lieu que, les racines de la langue française étant mortes, cette partie supra sensible y est réduite « à un ensemble de notions et de signes arbitraires qu'on doit apprendre purement et simplement », qui ne relève que de la mnémotechnie. D'après lui, quand un Allemand emploie un terme abstrait ou supra sensible, il y peut lire, s'il a l'œil éclairé par les yeux de l'âme, l'histoire entière de son développement. Tandis que, dans le même cas, un néo-latin, c'est-à-dire en particulier un Français, se comporte comme un simple perroquet. D'où, selon Fichte, la suprématie incontestable de la langue allemande, comparable sur ce point à la langue grecque, et son droit à diriger l'univers. Mais, pour qu'elle dirige l'univers, il faut que, politiquement, l'Allemagne obtienne la suprématie. On ouvrirait le cerveau des conducteurs et des principaux professeurs et savants, artistes et écrivains, soldats et marins de l'Allemagne contemporaine, qu'on n'y trouverait pas autre chose.

Fichte est demeuré pour eux « l'homme allemand », de même que, au dire de Fichte, « l'homme allemand » était Luther. Chemin faisant, il insinue (discours 6) que la Révolution française n'est qu'une extension de la Réforme, un plagiat français du mouvement allemand. Mais « il ne le dit pas, se taisant comme en face d'un événement en train de s'accomplir ».

Par voie de déduction, grâce à la prééminence originelle et fonctionnelle du langage allemand, la philosophie allemande, qui a sa fin en elle-même, « part d'une vie pure, unie, divine, complète, éternellement identique, au lieu de se contenter de telle ou telle vie plus ou moins quelconque » et constitue la vraie philosophie. De même, la science allemande, bénéficiant d'un vocabulaire supra sensible, dont la racine, demeurée vivante, est toujours perçue comme vivante, l'emporte sur la science des autres pays. Et ainsi de suite. Pas une branche de la connaissance et de l'activité humaines qui échappe à la nécessaire suprématie de l'allemanité. Seulement, et Fichte y insiste, l'indépendance et la vitalité du langage sont garanties par l'indépendance et la vitalité politiques, qui le préservent des injures venues du dehors, qui maintiennent son intégrité comme celle du territoire. L'État lui-même ne peut être dominé que par le patriotisme, « considéré comme puissance supérieure, ultime et dernière, absolument indépendante ».

Dans toute cette doctrine fichtéenne, qui a joué et qui joue un si grand rôle européen, puisqu'actuellement elle meut encore d'immenses armées, on retrouve les deux traits, je dirais les deux dominantes intellectuelles de l'Allemagne : la manie des origines, des sources, du développement, et celle de la systématisation.

Il serait aisé de soutenir, contre Fichte, qu'une langue est d'autant plus élevée dans l'échelle humaine, riche dans son domaine supra sensible et apte aux hautes spéculations, motrices de la race, qu'elle est moins enganguée, moins prisonnière de ses racines, moins soumise à leurs suffusions de reviviscence. Quand les Grecs — rapprochés par Fichte des Allemands au point de vue de l'autochtonie du langage et de la survivance de leurs racines linguistiques — prononçaient le mot de méthode, littéralement (*chemin-vers, meta-hodos*), ils ne voyaient ni un chemin, ni une direction. C'est cette délivrance étymologique, cet épurement de la pensée qui leur permit d'atteindre si haut dans leur ascension spéculative. On ne voit pas la supériorité que nous conférerait, quand nous prononçons le mot de « poltron », la vision ou la sensation du pouce coupé qui en est l'origine étymologique, Ce sont, au contraire, ces stagnations ou ces remontées du concret originel dans le supra sensible ou l'abstrait de la langue allemande, qui la font obscure et douteuse dans le domaine philosophique, par les échappatoires qu'elles permettent. La langue, comme le vin, se dépouille avec le temps. Ce dépouillement garantit son bouquet, sans lui ôter sa verdeur, et assure sa prééminence, aussi bien pour les œuvres du style que pour celles de la métaphysique. Quelle confusion, quel horrible supplice créerait ce retour agressif de racines verbales dans la culture et la compréhension des œuvres des grands maîtres, depuis Pascal jusqu'à Racine ou Saint-Simon ! L'argument initial de Fichte ne tient pas debout; mais le parti qu'il en a tiré demeure formidable et doit nous mettre en garde contre toute la pensée allemande, hier encore victorieuse et dominante dans notre haut enseignement. Au même titre que notre admirable défense militaire, la fin d'un tel scandale universitaire marquera notre relèvement.

Car chez Fichte, autant et davantage que chez aucun autre de ses compatriotes, éclate la disproportion entre la grandeur du but à atteindre, —

ce but était, je le répète, l'empire allemand, —
et la grossièreté des moyens. On est surpris que
le sophisme linguistique fondamental en ait complètement échappé à ses jeunes auditeurs, qu'ils
se soient allumés, incendiés à une flamme aussi
fuligineuse. De même, dans un ordre d'idées
voisin, on est déconcerté, en lisant les propos de
table du prince de Bismarck, par la bestialité
voulue qui souvent le caractérise, non seulement
quant au ton, où est plagié le rire du Méphistophélès de Gœthe, mais encore quant aux arguments. De même, nous constaterons chez Nietzsche
l'alliance d'une prétention barbare, boursouflée
et d'un raffinement souvent maladif de l'analyse.
Ainsi apparaît, dans le moment même qu'elle
revendique la suprématie politique et intellectuelle,
l'inaptitude de l'Allemagne à l'exercer.

Que penser, par exemple, de ce passage du
quatrième discours, qui commence par un aveu
et finit par un enfantillage : « Dans certains discours allemands règne, par maladresse ou malice,
une atmosphère d'obscurité et de ténèbres. Il
faut éviter cela. Le vrai remède est dans l'emploi
du bon et pur allemand. Mais les langues néo-
latines possèdent naturellement et d'origine cette
inintelligibilité. Rien ne peut la faire disparaître,
puisqu'elles n'ont plus rien de vivant qui puisse
soumettre à l'examen les expressions mortes. Il
n'y a pas là une langue mère. »

Fichte n'est pas le seul Allemand auquel la manie nationale des origines et du développement ait joué des tours. On peut dire que toute la science allemande, dans ses principaux représentants au dix-neuvième siècle, en est obscurcie. Je ne parle pas seulement d'un primaire échauffé comme Ernest Hæckel, l'inventeur du fameux et inexistant *Bathybius* ou gelée primordiale et d'une dizaine de bourdes pseudo-scientifiques du même calibre. Mais, même chez un Weissmann, auquel on doit de bonnes remarques sur l'hérédité et la continuité du plasma germinatif, l'argumentation est gâchée par ce perpétuel rabattement du plan de la philogénie sur celui de l'ontogénie, comme ils disent, et par ce tic de l'*ursprung* et de l'*entwickelung* considérées en soi, contre lequel, à l'École de médecine, nous mettait jadis en garde le grand Mathias Duval. En médecine, ce tic les a conduits à la théorie, aujourd'hui reconnue fausse, des origines embryonnaires des tumeurs, par défaut d'équilibre dans le développement ; en histoire, il les a menés à une extension tout à fait comique des ingénieuses insanités de Gobineau. Il y aurait un ouvrage très intéressant à écrire sur les bévues phénoménales qu'un tel point de vue, poussé jusqu'à l'absurde, a fait commettre aux savants, historiens et critiques de l'Allemagne contemporaine. Il n'est pas jusqu'aux beaux-arts, à l'his-

toire de la peinture et de la sculpture, qu'ils
n'aient soumis à cette habitude funeste et presque
ethnique. Avant la guerre de 1914, elle donnait,
hélas! le cachet allemand à pas mal de nos thèses
en Sorbonne et à des travaux n'ayant de français
que le nom. Consultez à ce sujet la *Doctrine
officielle de l'Université* par Pierre Lasserre.

Chose étrange, la recherche, en quelque sorte
instinctive, du passé dans le présent et l'évoca-
tion constante de la germination intellectuelle
ou sentimentale dans l'homme civilisé auraient
dû produire, en Allemagne, des romans psychologiques très poussés, très aigus. Il n'en est rien.
Ce grand aboutissement littéraire des préoccupa-
tions, des tournures, des constantes morales
d'une race qu'on appelle le roman est demeuré
chez les Allemands, depuis 1870, aussi plat,
aussi banal, aussi terne que possible. Ni Bour-
get, ni Meredith, les deux maîtres modernes de
l'introspection en France et en Angleterre, n'ont
eu d'émules ni de disciples de l'autre côté du
Rhin. Jean-Paul Richter, d'ailleurs la plupart
du temps illisible par excès d'allemanité et d'enchevêtrement des métaphores, aussi par la sura-
bondance des digressions, Jean-Paul Richter est
demeuré, en quelque façon, un accident unique
dans la littérature allemande. Aussi l'appellent-ils
l'*einzig*.

Quant à la systématisation, elle est devenue,

dans les mains des Allemands, le contraire même de la culture. Ils ont fait des fiches, du numérotage, du calcul appliqué aux travaux de l'esprit les plus éloignés de toute géométrie — au sens pascalien — une débauche que leurs plus enragés imitateurs n'ont jamais pu dépasser ni même atteindre chez nous. Ils ont appliqué aux humanités cette barbarie, justement signalée et stigmatisée par Pierre Lasserre, qui tue l'esprit sous la stérilité du dépouillement, pointe les épithètes, compte les verbes, les césures, les proportions des différentes coupes, totalise les substantifs groupés selon telles et telles racines, et remplace le jugement par des colonnes de chiffres. Ils ont inventé la psychologie expérimentale, armée de la balance, du thermomètre et de tous les manomètres sensoriels les plus biscornus et les plus arbitraires. Car le dernier terme de cette prétendue rigueur est, en somme, une ténébreuse fantaisie. Les Allemands procèdent, dans le domaine de l'histoire, de la critique et de l'érudition, comme dans celui de la chimie appliquée. On connaît la méthode. Enfermé dans son laboratoire, tel chimiste étudie telle série de corps, numérotés selon la progression des éléments qui les composent. Il accomplit ce travail mécaniquement, j'allais dire militairement. Chaque produit est ensuite dirigé vers un laboratoire de toxicologie, de physiologie, de pharmacie, où il est aussitôt expérimenté sur un animal ou sur l'homme. Ainsi ont pris essor les innombrables spécialités de la pharmacopée germanique. Une fois sur dix mille il y a un résultat, un médicament véritable. Mais aussi que de faux, de nocifs, de dangereux produits en circulation! Transportée de la science dans la littérature et dans l'histoire, cette façon de faire est encore bien plus aléatoire. Elle aboutit, tantôt au pur néant, tantôt à de formidables erreurs. Son pire résultat est de fausser l'intelligence en mêlant les genres, de lui faire croire que le beau se démontre et se déduit ainsi qu'une équation d'algèbre et de supprimer totalement l'éducation du goût. La médiocrité littéraire et critique de la production allemande depuis quarante ans est la condamnation d'un tel système, auquel répugnent d'ailleurs nos tendances traditionnelles, nos habitudes mentales, notre génie classique.

Ce devra être un des plus heureux, des plus importants résultats de la guerre de 1914 que la ruine du prestige philosophique allemand, que l'écroulement de l'influence et des méthodes allemandes. Le kantisme était descendu de l'enseignement supérieur chez nous vers l'enseignement primaire, et il l'avait, en ces derniers temps, complètement pénétré. Le moment n'est pas venu de produire ici les textes qui justifient notre assertion. Qu'il me suffise de constater que la doctrine, spécifiquement allemande et profondément individualiste, du maître de Kœnigsberg était devenue le principal auxiliaire de ce qu'on appelait la neutralité laïque. La morale de la *raison pratique*, qui est aussi celle de Rousseau et de Luther, était réellement notre morale d'État. Par bonheur, le tempérament national a réagi contre elle et l'a bousculée au moment du péril, mais c'est une expérience qu'il serait sage de ne pas renouveler. Pour tout Français qui réfléchit, se souvient et compare, Kant n'est pas moins redoutable que Krupp.

Ce qui nous en imposait, à nous Français, chez Kant comme chez Fichte, et plus encore chez le premier, c'était l'altière rigueur de la déduction. Elle nous masquait la faiblesse du principe, de l'initium, sa fausseté. L'intellectualisme germanique a fait un grand usage de l'intimidation, de l'axiome douteux posé comme indiscutable, asséné avec morgue : « C'est ainsi et pas autrement. » Quand on examine avec soin l'armure dogmatique où le maître d'erreurs prétend nous enfermer, on aperçoit aisément son défaut. Mais comment des jeunes gens et des enfants oseraient-ils procéder à cet examen, alors que leur professeur met sur un piédestal, déclare intangibles et sacrés ces métaphysiciens ennemis, qu'il devrait être le premier à combattre et à réfuter !

Libérées du joug intolérable que faisaient peser
sur elles les méthodes allemandes, les humanités
classiques refleuriront èn France, pour le plus
grand bien des générations à venir. Mais à condition que l'État renouvelé veille jalousement sur
cet épanouissement et en favorise toutes les tendances. Ainsi le latin devra-t-il recouvrer la
prééminence qui fait de lui l'axe solide des études
complètes, le mainteneur intellectuel de la cité.
S'il nous faut une philosophie fondamentale,
nous la trouverons, nous Français, une fois dé-
livrés de Kant et de Fichte, nous la retrouverons
dans Aristote et dans le thomisme, celui-ci tellement dédaigné de mon temps, c'est-à-dire après
1870, que pas une fois Burdeau ne prononça
devant nous le nom de l'Ange de l'École. De
sorte que, même chez les plus studieux et les
plus curieux d'entre nous, cette immense lacune
ne put être comblée que plus tard. Par contre,
je connais plusieurs de mes contemporains, non
des moindres, à qui la métaphysique allemande,
telle qu'elle nous était inculquée, faussa le cerveau pour dix ans; jusqu'au moment où ils
furent en mesure de faire à leur tour la critique
du criticisme.

LA QUESTION DU LANGAGE

De Fichte et de ses nombreux disciples et disciples de disciples en Allemagne — quelques-uns

même qui s'ignorent — dans tous les domaines
de l'activité intellectuelle, ceci surtout est à retenir : l'importance attachée à la question du langage. Si la conception de la supériorité de l'allemand comme langue de culture, comme langue
universelle, est absurde, il est bien vrai que le
langage, que la communauté de langue groupent,
maintiennent et relèvent les nationalités. La raison en est trop évidente pour que j'y insiste.
Au sein d'une même nationalité, les dialectes
régionaux, continués et ravivés par des poètes
et des auteurs demeurés fidèles au parler de
leur province, viennent enrichir et raviver aussi
constamment la langue commune, sans que cette
diversité puisse jamais menacer une unité dont
elle est, au contraire, l'adjuvant. Tel a été, par
exemple, dans notre littérature de la deuxième
partie du dix-neuvième siècle, l'admirable rôle
d'un Mistral et du groupe des félibres comme
Aubanel et Roumanille. On doit même dire, du
point de vue de la haute critique, qu'ils réagirent
utilement contre les excès et les platitudes de la
fin du romantisme et du début du naturalisme,
ce romantisme dégénéré. L'esprit classique, gar-
dien de nos traditions les plus sacrées, leur doit
beaucoup. Je cite ici le nom de Mistral, parce
que lui surtout, presque seul parmi ses contemporains, pénétra jusqu'au fond les ressources et
les lois du langage comme levier patriotique.

C'est de Mistral, de son enseignement, de ses méthodes, que s'inspire, depuis vingt ans, l'Alsace opprimée par la brutalité allemande. La création, à Strasbourg, d'un musée ethnographique alsacien, correspondant au musée d'Arles, en est la preuve. Un des chefs de ce mouvement me disait, il y a sept ou huit ans : « Le maître actuel de notre résistance est Mistral. S'il venait ici, nous lui éléverions des arcs de triomphe. » Je rapportai ce propos à l'auteur de *Mireille*, qui en fut vivement touché. Plus nettement encore que Fichte, ce grand Latin voyait les connexions du langage et du patriotisme.

Depuis de nombreuses années, les Allemands pourchassaient les mots russes, anglais, surtout français, qui subsistaient ou s'étaient glissés dans leur vocabulaire. Cela jusque sur les menus des restaurants et les enseignes des magasins. Leur souci de germanisation s'étendait jusqu'à traduire du grec et du latin les termes techniques. Le téléphone est, pour eux, le *fernsprecher*, le télescope, le *fernrohr*. Ce que des esprits superficiels qualifiaient d'enfantillage était, au contraire, partie d'un plan d'ensemble qu'a fait échouer la guerre actuelle, voulue par eux. Concentrant toutes leurs forces, avant de les déployer et de les lancer à la conquête du monde par les armes, ils n'avaient garde d'omettre celle sans laquelle les autres seraient peu de chose : le langage. Ce

langage germanique, ils le chérissent, ils l'admi-
rent profondément, ils le vénèrent écrit et parlé,
comme conservateur des annales et promoteur
des actions héroïques. Ils ne cessent de le scruter,
de le comparer aux autres, de lui chercher des
supériorités acoustiques, musicales, lyriques,
philosophiques. Cette étude est poussée jusqu'à
l'absurde. Je me rappelle un professeur de
langues romanes d'outre-Rhin, qui vint un jour
trouver Alphonse Daudet pour noter, à l'aide
d'un appareil bizarre, la façon dont il prononçait,
lui Méridional, certains mots allemands. Il nous
expliqua sa « méthôde », mais nous n'écoutions
guère, tant son affairement et son souci, le gros
pli de son front nous amusaient. Au moment
où il prenait congé, mon père lui dit : « Excu-
sez-moi, je suis sceptique en matière de phoné-
tique, depuis que j'ai vu un de vos collègues
demander à un malade de Charcot, à la Salpê-
trière, sur lequel il faisait une observation com-
pliquée : « Rebedez abrès moi : timonche », et
conclure de ce qu'il ne recevait pas de réponse à
je ne sais quel trouble auditif. » Notre visiteur
faisait les gros yeux. La chose lui semblait obscure. Alors mon père : « Je m'approchai du
malade et lui dis : « Mon ami, répétez après moi :
« dimanche. » Il le répéta fort exactement. »

Il y aurait un ouvrage émouvant à écrire sur
l'aphasie ethnique imposée, c'est-à-dire sur l'état

d'âme d'une nationalité, petite ou grande, à laquelle un vainqueur cruel interdit de parler sa langue. Imagine-t-on pire supplice que celui d'une jeune imagination, — car cela se passe surtout à l'école, — forcée de traduire, en style indifférent ou en style ennemi, les mots qui montent à ses lèvres, ces mots qui perfectionnent l'esprit en délivrant le cœur? Il faudrait les raccourcis dantesques pour exprimer l'état d'angoisse chronique, d'étouffement moral, qu'amène une telle persécution. Être exilé ainsi de ses aïeux, de leur tour d'esprit, de leur élocution, sur sa propre terre, dépasse en horreur les pires inventions des bourreaux chinois. C'est cette torture que les Allemands réservaient aux populations conquises et soumises par eux, ainsi qu'en témoignent les révoltes des petits Polonais et des écoliers alsaciens-lorrains. C'est cette torture qui eût été infligée à nos populations de l'Est et du Nord, au cas où le sort des armes eût favorisé leurs entreprises. En cent ouvrages, ils avaient pris soin de nous prévenir.

Au cours des nombreuses conférences que j'eus l'occasion de faire avant la guerre, dans la plupart des villes de France, sur les visées de l'Allemagne et ses préparatifs d'espionnage chez nous[1], que de fois je me heurtai à cet argument

----

1. Notamment à Lyon, Lille, Roubaix, Armentières, Roanne, Saint-Étienne, Nantes. Lorient, Barbentane, Tours. Bordeaux,

des internationalistes, dits humanitaires : « Et puis après..., Allemands ou Français, nous serons toujours dans la dépendance du patronat. Alors, qu'est-ce que vous voulez que ça nous fasse, votre envahissement allemand?

— Oui, mais il y a le langage.

— Eh! bien, on parlera allemand, voilà tout. »

Les pauvres diables ne se rendaient pas compte de l'épouvantable douleur que représente l'obligation de parler allemand quand on est Français. Il faut que la guerre soit là présente, avec ses menaces immédiates, pour que l'horreur d'une telle oppression apparaisse.

L'action intime d'un langage inculqué est telle que je me suis souvent demandé si la diffusion de la langue allemande en France, après la guerre de 1870-71, n'avait pas grandement servi les ravages, chez nous, de la métaphysique et des procédés germaniques. Les plus laborieux parmi mes condisciples avaient eu, comme moi, de bonne heure des gouvernantes allemandes ou avaient été perfectionnés dans la langue allemande par des professeurs à domicile. Car il était entendu, consacré, réglé que l'ignorance de la langue ennemie avait été pour beaucoup dans nos désastres et nous avait empêchés

Orléans, Toulouse, Grenoble, Nancy, Poitiers, Dijon, Reims, Versailles, Boulogne, Saint-Omer, Nîmes, Arles, Chambéry, Limoges, etc., etc.

de prévoir. Je n'insiste pas en ce moment sur le fait que notre imprévision de 1900 à 1914, quant à l'imminence du péril allemand, valait à peu de chose près — je parle pour les milieux non militaires — notre imprévision de 1860 à 1870. Que de gens, sachant ou ayant appris l'allemand, haussaient les épaules quand on faisait allusion devant eux à « l'hypothèse imbécile d'une agression allemande », pour employer l'expression topique d'un journal que je ne nommerai pas. Bref, il ne semble pas que la connaissance de l'allemand ait conféré à nos compatriotes la clairvoyance en matière d'attaque brusquée et d'invasion. Je constate le fait sans en conclure à la proscription d'un rudiment allemand, utile aux savants et indispensable au commerce et à l'industrie. Mais il y a une mesure à garder. Il ne faudrait pas que la culture intensive de ce parler barbare, même et surtout quand il est abstrait, — suprasensible, comme dirait Fichte, — nous menât à un nouvel accès de germanisation intellectuelle.

Il en est de l'abus du langage étranger comme de celui de certains remèdes qui aboutissent à l'intoxication chronique. Mettons nos fils en garde dorénavant contre la germanomanie.

J'entends l'objection professorale : « En arriverons-nous, par chauvinisme, à proscrire l'étude d'un écrivain et d'un penseur tel que Gœthe? »

L'auteur de *Faust* et des fameux *Mémoires*, du *Comte d'Egmont* et des *Affinités électives* est en effet un des très rares écrivains allemands, peut-être le seul, qui ait dépouillé le germanisme, l'allemanité de Fichte, pour entrer dans le concert des grands esprits tout court. Nous remarquerons, après bien d'autres, que nourri de la littérature française du dix-huitième siècle et de nos philosophes du dix-septième, Gœthe n'a germanisé, à proprement parler, que dans certaines parties de son œuvre considérable, notamment dans le second *Faust* et dans certaines pages de *Wilhelm Meister*. Ses conversations et ses souvenirs nous saisissent autant dans la traduction française, quand elle est claire et fidèle, que dans le texte original. Ce qu'il y a en lui de transmissible est précisément ce qui est le plus près de nous. Je parle ici pour la généralité des lecteurs, non pour les spécialistes et les érudits qu'il n'entre pas un instant dans ma pensée de détourner de l'étude de l'allemand. Je crois seulement que le fait de découronner l'allemand d'un prestige indu complétera heureusement les efforts militaires de 1914-1915 et nous évitera de retomber dans bien des fautes et bien des pièges. Le propre de la bêtise ici-bas consiste moins à ne pas comprendre les choses ardues ou compliqués qu'à ne pas profiter de l'expérience acquise, qu'à nier le principe de causalité. S'obstiner dans l'absorption d'un aliment matériel ou spirituel qui manifestement vous a nui, c'est être bête. C'est l'être encore que de supposer que le cyanure de potassium pourra bien, un jour ou l'autre, cesser d'empoisonner ou, comme on le lit ici et là, que la guerre de 1914 sera la dernière de toutes les guerres. Bref, tenir à son erreur, même quand elle a fait cent fois ses preuves, c'est être irrémédiablement bête.

« On est autant de fois homme qu'on sait et qu'on parle de langues. » Cette appréciation m'a toujours fait rêver. Remarque-t-on que les portiers d'hôtel ou les interprètes, qui parlent couramment sept ou huit langues, soient des échantillons très relevés d'humanité? J'ai entendu mon condisciple et camarade Marcel Schwob, le traducteur de *Moll Flanders* et l'habile commentateur de Villon, se plaindre de ce que sa connaissance approfondie et simultanée du français, de l'anglais et de l'allemand gênait quelquefois sa pensée, les trois termes qui désignent un même objet ou une même impression se présentant à lui à la fois. Il est très remarquable qu'un grand verbal comme Hugo, chez qui la source du langage était étincelante et abondante, n'ait jamais pu articuler un seul mot d'anglais, après dix-huit années d'exil dans une île anglaise. Le mécanisme psychologique, qui relie le langage ancestral au plus profond de la personnalité, est encore fort mal connu, et nous n'avons là-dessus que des lueurs. Aussi n'est-ce pas sans une certaine hésitation que j'émettrai l'hypothèse d'une diminution de la fibre patriotique par l'usage abusif ou trop précoce d'une ou de plusieurs langues étrangères. *Grammatici certant et adhuc sub judice lis est.*

Ma première notion de l'importance du langage acquis me vint d'un Russe ataxique que je rencontrai aux eaux de Lamalou aux environs de 1886. Frappé d'aphasie en cours de traitement, ce malheureux ne recouvra l'usage de la parole qu'au bout de plusieurs jours. Mais il parlait un langage inconnu, qui n'était ni le français, ni le russe. Un domestique catalan, qui se trouvait à l'hôtel, reconnut dans ces syllabes balbutiées le patois des îles Baléares. On apprit ensuite que le Russe avait été élevé par une nourrice originaire de Palma. C'était ce patois qui lui revenait le premier après son accident, comme s'il eût été plus profondément gravé dans son esprit que sa langue natale !

En dehors des objections ethniques, intellectuelles, psychologiques qu'on peut faire à l'abus, par de jeunes Français, de la langue allemande, et dont le développement tiendrait ici trop de place, il en est d'autres purement grammaticales. Le caractère, le génie — au sens latin — de l'allemand, sont presque directement opposés au génie du français. Ou l'esprit de l'enfant le retiendra mal, ou, s'il s'en imprègne, il en sera faussé.

Quand on nous parlait, il y a une trentaine d'années, de la clarté française, nous nous demandions si cette clarté n'était pas au détriment de la profondeur.

> *Aus tiefen traum bin ich erwacht*
> Du rêve profond je suis éveillé,

dit Zarathoustra. Aujourd'hui cette ancienne illusion me fait sourire. Mais elle était demeurée, en France, jusqu'à ces tout derniers temps, celle de plus d'un haut universitaire et j'imagine que, depuis quelques mois, se sont livrés de rudes combats entre le patriotisme renaissant et les anciennes amours de nos germanomanes. Je n'en veux comme preuve que les tergiversations scandaleuses de notre Académie des Sciences, avant qu'elle se fût décidée à chasser ses correspondants et associés boches, les Waldeyer, les Klein, les de Bæyer, les Fischer, signataires du « manifeste des 93 ». A force de répéter qu'ils étaient les dépositaires de toute culture, les intellectuels allemands avaient fini par le persuader à quelques naïfs collègues français. Chacun sait que la science la plus réelle n'exclut pas la crédulité ni la cupidité.

LE MÉPRIS DE L'HUMANITÉ :

MÉPHISTOPHÉLÈS, SCHOPENHAUER ET BISMARCK

Il court, à travers la littérature et la philosophie allemandes, un type qui s'est réalisé aussi

dans la politique et auquel on ne trouve rien de
semblable dans les autres pays : c'est celui du
personnage cynique et féroce, que parcourt tout
à coup une sorte de jovialité de cannibale. Plus
l'individualisme allemand s'appliquait au peuple
allemand, et plus ce type s'est répandu et est
devenu cher à des imitateurs qui s'ingéniaient à
en copier les grands modèles. Le Méphistophélès
de Gœthe, le pessimiste Schopenhauer et le prince
de Bismarck me paraissent, dans des styles différents, les plus notoires représentants d'une telle
tendance. Quand, dans la guerre de 1914, des
musiques militaires allemandes jouaient une
marche funèbre pour de malheureux soldats
français tombés dans un guet-apens, ces musiciens manifestaient le tour d'esprit dont je parle.
J'en dirai autant des officiers ou sous-officiers qui
faisaient attendre et mariner des notables avant
de les fusiller, en assaisonnant cette attente de
plaisanteries qu'il m'est impossible de rapporter
ici. Le général prussien, qui laisse son portrait
et celui de sa petite famille en bonne place sur la
cheminée du château dévasté et pillé par ses
soins, se range également dans cette catégorie.
On pourrait citer des milliers de cas analogues
et tels qu'aucun autre Européen, je ne dis même
pas Français, ou Anglais, ou Belge, n'en supporterait la conception ni le spectacle. Or ne vous y
trompez pas : ces traits apparaissent délicieux,

non seulement aux militaires germains, mais aux Germains qui ne font pas la guerre et auxquels ils sont racontés. Ils s'y mirent complaisamment.

Un de leurs pamphlétaires du temps de la Réforme, qui fut successivement luthérien, réformiste, puis sacramentaire, se dresse devant mon esprit chaque fois que j'évoque cette sauvage ironie teutonne, si le joli mot d'ironie peut s'appliquer à cela. Je veux parler de Jean Fischart, traducteur et déformateur de Rabelais, polémiste, alchimiste, anarchiste, impérialiste, confus et brillant, prolixe et grossier jusqu'à la fétidité, et chez lequel ne brille jamais la vive étincelle de supérieur bon sens qui nous rend cher le père de Gargantua et de Pantagruel. Fischart remplace ce don absent par le colossal, le démesuré; il allonge du triple et du quadruple les énumérations de son glorieux modèle. Il fait de Rabelais et de la scatologie allemande un amalgame nauséeux, pesant, qui demeure un témoignage des différences fondamentales des deux peuples. Avec cela, pangermaniste avant la lettre et intimement persuadé que ce qui n'est pas allemand ne vaut pas les quatre fers d'un cheval. Du temps que j'étudiais Shakespeare et ses contemporains, c'est-à-dire il y a une vingtaine d'années, j'ai beaucoup fréquenté ce singulier bonhomme et j'ai gardé l'impression fort nette qu'il était, comme disent les Anglais, représentatif. Je m'étais même demandé jusqu'à quel point il était vraisemblable que Gœthe eût pensé à lui pour son *Faust*. Ce siècle de Fischart était celui où la théologie, la philologie et la grammaire allemandes cherchaient à se rattacher à l'hébreu, ainsi que plus tard elles devaient chercher à se rattacher au grec. Car ce peuple est toujours un peu comme s'il avait perdu son ombre. Fischart, dans une glose au *Gentium Migrationibus* d'un certain Lazius, s'efforce de démontrer que, bien loin d'avoir emprunté une partie de leur vocabulaire aux Grecs et aux Latins, les Allemands ont approvisionné de mots les autres nations, à l'époque de la Tour de Babel! Ce raisonnement n'est pas si loin de celui de Fichte. On le trouvera exposé, tout au long, dans la remarquable thèse consacrée par M. Besson à Jean Fischart.

Quant à Méphistophélès, la création la plus originale du *Faust*, on s'est souvent demandé ce qu'il signifiait. Gœthe, dans ses entretiens avec Eckermann, a déclaré que « le caractère de Méphistophélès était très difficile, à cause de son ironie et aussi parce qu'il est le résultat personnifié d'une longue observation du monde ». A un autre endroit, Gœthe avoue prétentieusement qu'il a « mangé là », — avec ce diable, — son « héritage d'enfant du nord », avant d'aller s'asseoir à la table des Grecs. C'est donc d'une longue observation du monde allemand que Méphistophélès serait le résultat. C'est, lui aussi, un barbare systématique, quelque chose comme un « surmufle », pour adapter à ce cas le jargon nietzschéen. Il dit de lui, dans la première partie de *Faust* : « Je suis l'Esprit qui toujours nie, et certes avec raison, car tout ce qui existe n'est bon qu'à s'en aller en ruines, et ce serait mieux s'il n'existait rien. Ainsi donc, tout ce que vous appelez péché, destruction, le mal, en un mot, est mon propre élément. » A Faust, qui lui demande : « Il paraît que l'espionnage est de ton goût? » Méphistophélès répond : « Je ne possède pas l'omniscience, mais je sais beaucoup de choses. » Ce qu'il sait, ce qu'il démontre en chaque circonstance, tragique ou comique, avec exemple à l'appui, ce sur quoi il insiste, au milieu du soufre, de la fumée, des éclairs, comme dans le calme du laboratoire ou de la bibliothèque, c'est que l'humanité est méprisable dans ses fins, dans ses origines, dans ses tendances, dans ses efforts. Comme il détruit la foi d'un ricanement, il détruit l'amour, le devoir, le scrupule, le remords de conscience. Il sape les fondements moraux de la cité. Il ne philosophe, en raillant la philosophie, que sur les ruines, dans les sites sauvages, au Walpurgis parmi les monstres et les difformes. Visiblement, Gœthe poursuit en lui et châtie dans sa peinture l'ennemi de ses propres aspirations, mais un ennemi familier, assis au foyer de son

esprit, de son imagination, tel qu'un mauvais
hôte. Il l'exorcise comme pour l'user, comme
pour se délivrer de lui poétiquement, selon sa
méthode.

Précisa-t-il jamais, dans sa vaste et complexe
intelligence, l'harmonieux tourmenté de Weimar.
que ce démon raisonneur, promu par lui à l'im-
mortalité littéraire, était le démon allemand? On
l'ignore. Toujours est-il que les traits de ce terrible Méphistophélès, lourdement implacable et
pédant, jusque dans sa satire du pédantisme, ont
la persistance et l'appui d'une effigie ethnique.
Le ton de satire voilée, de secret des secrets, de
cryptogramme confié à l'avenir, flotte autour de
cette chimère charnelle, jusqu'à provoquer un
malaise. Si j'étais Allemand, pour tout résumer,
Méphistophélès m'inquiéterait. Je me demanderais
si ce n'est pas mon essence qu'a voulu concentrer
et résumer ici le plus grand poète de ma race et
si le repoussoir n'en est pas proposé, pour les
siècles, à la clairvoyance de mes compatriotes et
de l'étranger.

Nous savons, par ailleurs, combien les sym-
boles et les abstractions de Gœthe étaient nourris
de réalités, combien il observait avant de rêver,
combien aussi, en vieillissant et en se perfec-
tionnant, il penchait vers l'ordre, la mesure, la
simplicité et haïssait davantage la lourdeur et le
blasphème parlé ou agi, ce blasphème qui faisait

le fond de Luther, « l'homme allemand » selon
Fichte. Autant de remarques qui viennent à l'appui de mon hypothèse. De toutes façons, prenons
Méphistophélès comme il est, lançons-le dans la
métaphysique qu'il prétend mépriser ainsi que
tout le reste, mais dont il relève, et nous avons
Schopenhauer. Transportons-le dans la politique,
avec son sarcasme, sa cruauté, sa conception noire
et brutale du réel, et nous avons le prince de
Bismarck.

Mais, avant d'en arriver là, je voudrais serrer
encore davantage, par un exemple concret, ce
que je taxe de méphistophélisme, de barbarie
scientifique et systématique : le savant Westphal,
homme jaune et triste, que plusieurs de ma génération ont aperçu dans les hôpitaux parisiens,
auxquels il rendait quelquefois visite, le savant
docteur Westphal était morphinomane, comme
beaucoup de ses compatriotes et de ses confrères.
Cela l'ennuyait. Il avait, pour élève préféré,
Levinstein, inventeur d'un effroyable procédé
de démorphinisation, aujourd'hui complètement
abandonné, et pour cause, connu sous le nom de
méthode brusque. Cette « méthode » consistait à
supprimer son poison totalement, d'une minute
à l'autre, au malheureux choisi comme sujet
d'expérience et à le maintenir isolé dans un cabanon, — jusqu'à ce qu'il en mourût ou en revînt,
—sans aucun secours moral ni matériel. Je note.

entre parenthèses, qu'aucun médecin français ne supporterait d'infliger un pareil traitement à ses malades. Mais la médecine allemande est, en général, à l'image du peuple allemand. Comme ils disent : « Nous savons oser. » Cela leur est d'autant plus facile que l'audace est aux dépens des autres. Donc Levinstein osa proposer à son maître vénéré d'expérimenter sur lui sa méthode. Westphal, pour son malheur, accepta. Il entra dans le cabanon. Levinstein, établi à quelque distance, montre en main, l'y laissa enfermé à triple tour, malgré ses cris stridents, puis de plus en plus faibles, pendant quarante-huit heures de suite. Quand le silence fut complet, l'élève ouvrit la porte de la chambre de torture. Son bon maître gisait mort sur le sol, les yeux désorbités, l'écume aux lèvres. Dans le paroxysme de sa douleur, il avait mâché son drap de lit, dont les lambeaux étaient autour de sa tête.

J'affirme qu'en Allemagne seulement une telle aventure est possible entre un maître et un élève. J'ai connu, dans les hôpitaux, de terribles gens, mais aucun n'aurait fait ainsi passer son système avant l'intérêt de la science et la gratitude disci-pulaire réunies. C'est le cas de répéter le mot inscrit par un roi de France, en marge d'une prétention excessive de l'Allemagne, que lui transmettait son ministre : « Troup alement. » Eh bien, Levinstein avait pris là, vis-à-vis de la

médecine et de son patron Westphal, une licence
méphistophélique. Je parierais qu'il en garda un
souvenir orgueilleux, satisfait. Il avait su oser !

Traduit par mon maître Burdeau dans une
langue élégante et ferme, le théoricien du pessimisme, Arthur Schopenhauer, a eu en France,
bien avant Nietzsche, son heure de célébrité. Non
pas qu'on eût beaucoup lu ces fatras qui s'inti-
tulent prétentieusement : *La quadruple racine du
principe de la raison suffisante* et *le Monde comme
volonté et représentation*. Mais l'amertume de ses
Pensées et Fragments et surtout de ses *Aphorismes sur la sagesse dans la vie* lui donnait un
faux air de parenté avec Chamfort et les voltai-
riens lui en surent gré. Il avait été révélé au
public, avant 1870, par une étude de Challemel-
Lacour assez poussée. Son nom, bizarre et hérissé
comme lui-même, ses manies, son genre de vie,
ses boutades lui faisaient une auréole de génie
grincheux. J'ai entendu Zola répéter avec admiration la phrase où l'homme — « l'homme en
soi » bien entendu — est représenté « oscillant
comme un pendule entre l'ennui et la douleur ».
N'était-ce point la formule même du naturalisme?
Les dames admiraient son mépris des femmes,
les bons vivants son apologie de la pitié. A vrai
dire, la pitié apparaît dans ces énormes et ver-
beuses considérations comme une superstructure
indépendante, comme un rajout à la volonté

« qui s'affirme » puis se nie... « Nous venons de
nous expliquer sur l'identité de la douceur pure
avec la pitié, cette pitié qui, lorsqu'elle revient
sur son propre sujet, a pour principal symptôme
les larmes. Après cette digression, reprenons le
fil de l'analyse du sens moral de nos actes et
montrons comment, de la même source d'où
jaillit toute bonté, toute douceur, toute vertu,
sort aussi ce que j'appelle la négation du vouloir
vivre. » Ce jargon aujourd'hui nous fait sourire.
Voici vingt-cinq ans, il impressionnait. On regardait avec stupeur le philosophe si fin et si aigu
qu'était le professeur Brochard, l'auteur des
Sceptiques grecs, quand il s'écriait, la main en
avant, de son inoubliable accent : « Schopenhauer, mais c'est un toqué... » Puis, après un
moment de silence : « Un toqué doublé d'un
cabotin. »

Schopenhauer est parti de La Rochefoucauld
et de Kant, encore bien plus que de Chamfort,
et il a abouti à une sorte de bouddhisme à l'usage
des dyspeptiques, prodigieusement démodé aujourd'hui. Il n'en a pas moins tenu son rang
dans cette agression de la philosophie allemande
qui accompagna et suivit, voici quarante-quatre
ans, les armées du premier de Moltke. Ce qui,
présentement, nous intéresse encore en lui, c'est
sa méchanceté active, le curieux sadisme intellectuel avec lequel il cherche à dégoûter son lec-

teur de tout ce qui ennoblit l'existence et surtout la satisfaction intime qu'il paraît prendre à ce jeu. Sa thèse n'est pas plus intéressante ni nouvelle qu'une autre, mais, derrière cette thèse assez banale, sa personnalité, toujours à l'affût d'un bon tour à jouer au prochain, est un joli spécimen de tératologie morale. Il rejoint si complètement la création de Méphistophélès qu'à certains moments il semble se confondre avec elle. Quand je le lis, je crois entendre le grincement des violons de Schumann, alors que les lémures rôdent autour du palais de Faust aveugle. Schopenhauer s'écrie, lui aussi : « Que se passe-t-il donc en moi? Comme Job, je ne suis qu'ulcères. Je me fais horreur à moi-même. Mais, comme lui, je triomphe au spectacle de mes infirmités. Les parties nobles du diable sont intactes... et, comme il me convient, je vous maudis tous ensemble, tant que vous êtes. »

Le dernier terme de cette métaphysique, tournée contre la dignité et la destinée humaines, c'est le suicide. C'est pourquoi il est insensé de mettre Schopenhauer entre les mains d'écoliers de dix-huit ans, de petits Français pleins de bon sens naturel, mais passionnés pour les idées générales, et que la fréquentation d'Emmanuel Kant a momentanément séparés du réel. C'est l'âge où l'on prend les abstractions au sérieux et où l'on est tout près de les prendre au tragique.

En tombant dans une âme ardente, l'œuvre du « toqué » selon Brochard peut faire encore beaucoup de mal.

Nous voici devant le troisième représentant du mépris de l'humanité, un allemand-type, et dont la statue gigantesque, hideuse, encombre les places des villes allemandes : le prince de Bismarck, chancelier de l'empire, fondateur de l'unité germanique. Vous le tiendrez complètement, quand vous aurez lu ses *Pensées et Souvenirs* (traduction Jæglé), ses *Mémoires* recueillis par son secrétaire Maurice Busch, *Bismarck et son temps*, par Paul Matter, et surtout *Bismarck et la France*, d'après les *Mémoires du prince de Hohenlohe*, par Jacques Bainville. En ce printemps de 1915, une telle lecture est particulièrement édifiante. Elle nous montre, sous un angle nouveau, qui est certainement le vrai, l'incarnation de la longue et implacable inimitié, à base d'envie, que nous a portée l'Allemagne. Elle nous révèle aussi, dans le chancelier de fer, la conjonction de la bassesse d'âme et du sens des réalités. Ce grand bousculeur de diplomates est à peine un homme. Son rire est à fond de haine et de désespoir, comme celui de Méphistophélès et de Schopenhauer. Il n'est pas beau que celui qui ne fut pas un maître de la guerre garde ainsi, devant la postérité, les pieds dans le sang. Son cas, aujourd'hui si net, à la lueur du dernier drame, définit la distance considérable qui sépare l'Allemand supérieur, l'Allemand dominateur, l'Allemand doué, en un mot, d'un civilisé véritable. Cette distance, comme on va en juger, est un abîme.

Je commencerai par faire la part, aussi large que possible, de l'objectivité, de la lucidité politique de Bismarck. Il énonce, au regard des événements, quelques erreurs et même quelques bourdes, — notamment au sujet de la cession d'Héligoland contre Zanzibar, ou de colonies qu'il juge inutiles pour l'expansion allemande, — mais la plupart du temps, quand son âpre rancune ne l'égare pas, il voit juste. Si Guillaume II avait écouté ce mort illustre, ce qui est en train de s'accomplir ne fût jamais arrivé. Maurice Busch est un bon témoin, suffisamment fidèle pour que Bismarck ait pu relire, sans les renier, en y faisant simplement quelques coupures, les propos que son « famulus » lui prêtait, assez niais pour n'avoir pas compris le tort qu'il fait souvent au « chef », comme il dit.

Entendons-nous bien. Je ne reproche nullement à Bismarck, ce qui serait absurde, d'avoir exécré la France et les Français. Je lui reproche d'avoir montré, dans les jugements qu'il porte contre nous, une légèreté bestiale — cette variété existe — et d'avoir fait parade de sentiments animaux. Il est, devant l'histoire, le barbare qui se châtie lui-même.

Exemple : le 23 août 1870, en campagne. On
est à table. Bismarck a quelques invités, les
comtes de Waldersée et de Lehndorff, le lieutenant général d'Alvensleben :

La question se posa de savoir s'il était possible de prendre
Paris d'assaut en dépit de ses fortifications. La plupart des
militaires présents soutinrent l'affirmative. Le général
d'Alvensleben déclara :

— Une grande ville comme celle-là ne pourrait être
efficacement défendue, si elle était attaquée par des forces
suffisantes.

Le comte de Waldersée, lui, souhaite de voir cette Babel
entièrement détruite.

Le chancelier intervint : « Cela ne serait, en effet, pas
une mauvaise chose du tout. Mais cela est impossible,
pour beaucoup de raisons. La principale est qu'un trop
grand nombre d'Allemands de Francfort et de Cologne
y ont placé des fonds considérables. »

Aucun homme d'État français, entrant en
Allemagne avec nos armées, si réaliste que vous
le supposiez, ne tiendrait, au sujet de Berlin ou
d'une ville quelconque du pays envahi, un langage pareil. Cela n'est pas dans nos mœurs. Le
trait, ici, frappe celui qui l'a lancé.

On chemine en Argonne :

Près d'un village qui, si je ne me trompe, s'appelle
Triaucourt, nous rencontrâmes un convoi de francs-
tireurs qui avaient été faits prisonniers et étaient emmenés
en charrette sous bonne escorte.

C'étaient de tout jeunes gens. Ils avaient la tête basse et

l'un d'eux même pleurait. Le chancelier s'arrêta et alla leur parler. Je ne sais ce qu'il leur dit, mais leur figure s'assombrit. Un de ces officiers nous raconta que la veille ils avaient tué dans une embuscade un major de uhlans. Lorsqu'on les avait faits prisonniers, ils ne s'étaient pas comportés comme des soldats réguliers et s'étaient enfuis. On avait organisé une battue et on les avait repris. Quelques-uns y avaient laissé la vie.

A Clermont, le ministre nous répète ce qu'il avait dit aux prisonniers :

— Je leur ai dit : « Vous serez tous pendus ; vous n'êtes pas des soldats, vous êtes des assassins. » Lorsque je leur dis ceci, ajoute-t-il, celui qui pleurait se mit à gémir.

Le plus extraordinaire, c'est, quand on en a été le triste héros, de laisser publier une pareille anecdote. L'*imprimatur* accordé par Bismarck à Busch prouve ici l'inconscience de Bismarck. Cet acte d'injuste et inutile cruauté est en effet à base de peur.

Ce qui suit est simplement niais :

La France est une nation de zéros, une collection de troupeaux. Les Français n'ont pas d'individualité ; ils forment une masse, quelque chose comme 3o millions de Cafres qui obéissent à des ordres venus d'en haut.

Accès de cannibalisme gratuit : On demande au chancelier des nouvelles de sa femme, il répond :

Elle se porte tout à fait bien maintenant. Elle souffre pourtant encore de sa haine féroce contre le Gaulois. Elle voudrait les voir tous morts, jusqu'aux enfants en bas âge, qui ne peuvent cependant s'empêcher d'avoir d'aussi abominables parents.

Je répète que Bismarck avait revu ces épreuves et qu'il a laissé ce passage, comme devant contribuer à sa gloire !

Autre accès : Jules Favre se plaint à Bismarck que les canons allemands des troupes investissant Paris tirent sur les hôpitaux, où sont les malades et blessés, et sur l'asile des aveugles :

— Je ne sais pas, lui a répondu le chancelier, de quoi vous vous plaignez. Vous en faites bien d'autres, vous qui tirez sur des gens sains et bien portants !

Le chef, quand il nous a raconté cela, a ajouté en riant : « Je suis sûr qu'il va dire que je suis un barbare. »

Autre accès : Il est question d'affamer Paris. Bismarck déclare :

Je crois que le meilleur système serait de donner des provisions aux Parisiens, puis de les laisser de nouveau mourir de faim, puis de leur donner encore des provisions. C'est le système de la bastonnade. Lorsque vous l'administrez sans discontinuer, elle finit par ne plus faire d'effet. Mais si vous arrêtez et si vous reprenez, ah ! dame, ça fait plutôt mal. Je le sais bien. J'ai été autrefois employé dans un tribunal criminel et de temps en temps on y appliquait la bastonnade.

Ce rôle de bourreau honoraire devait en effet lui convenir.

Je n'omettrai pas non plus le conseil de l'ogre

à Jules Favre, avouant que la situation morale de Paris était critique :

Provoquez donc une émeute, pendant que vous avez encore une armée pour l'étouffer... Qu'avez-vous? Vous ne savez donc pas que c'est le seul moyen de conduire les masses !

On pourrait multiplier de tels extraits. Ceux-ci suffisent pour ravaler la mémoire d'un homme qui sut conduire les autres hommes, principalement ses compatriotes, mais par des moyens affreusement bas. Nous avons eu aussi nos conducteurs. Ils avaient, certes, une autre allure. Ils élevaient ceux qu'ils dirigeaient. Dans le combat diplomatique et politique, ils faisaient de l'escrime. Le prince de Bismarck fait du bâton. Un pareil contempteur de la dignité humaine ne nous donne pas une haute idée du peuple auquel il sut s'imposer jusqu'au bout, et sa légende est plutôt lourde. L'abaissement prochain de l'Allemagne montrera le fameux chancelier tel qu'il était, en dehors de ses remarquables aptitudes politiques : une brute contente de soi.

Le prestige de la victoire est tel, même et surtout chez le vaincu, que, passé la première malédiction, la France montra une indulgence excessive pour les tares et verrues poméraniennes du chancelier. Sa légende d'homme très fort fit oublier son effroyable grossièreté, si contraire cependant à notre caractère national. Seule, à ma connaissance, dans le milieu républicain, Mme Edmond Adam, promotrice de l'alliance russe et ennemie acharnée du bismarckisme, refusa obstinément le titre de grand homme au sanglier furieux de Varzin. Je la vis, sur ce sujet, tenir tête, à sa propre table, à Freycinet, à Challemel-Lacour et à Francis Magnard qui prononçait le mot de génie. « Un génie, ça ! » répétait-elle avec indignation. C'est qu'en effet, si la volonté était forte chez Bismarck, et la vision de l'intérêt prussien lucide, cette région supérieure de l'esprit, où demeurent des fenêtres ouvertes sur toutes choses, était complètement obstruée, d'après ses mémoires, ses souvenirs et ce que nous savons de lui. Il était rempli de régions incultes, semblable à ces anciennes cartes de géographie, où des lions et des tigres remplacent les terres habitées. Il a forgé, certes, l'Empire allemand, mais il l'a forgé à son image et de métaux impurs. Nous ramenons aujourd'hui l'œuvre et l'ouvrier à leurs proportions véritables.

La fin de cette bête féroce fut sans sérénité, ni grandeur. Exaspéré de sa disgrâce, il devint un poids pour tout le monde, même pour ses intimes, poursuivant ses familiers et ses visiteurs de récriminations égoïstes qui les fatiguaient. Privé de l'appui d'un souverain, auprès duquel il voulait jouer le Mentor hargneux, celui qui avait fait trembler l'Europe tourna rapidement

au vieux rabâcheur. Lothar Bucher lui-même en
était excédé. Ses fameux dogues furent ses derniers auditeurs. Eux et lui étaient faits pour se
comprendre. Busch note vers ce moment-là :

Le chancelier était aujourd'hui triste et mélancolique.
Était-ce que quelque lugubre pressentiment hantait son
esprit, ou bien était-il simplement un peu fatigué et
énervé? Je ne saurais dire, mais je ne l'avais jamais vu
dans un pareil état d'abattement. Il avait le regard sombre
et la voix plaintive.

— Je me sens l'âme triste, nous a-t-il dit. Je n'ai jamais,
dans ma longue vie, rendu personne heureux, ni ma
famille, ni mes amis, ni moi-même. J'ai fait du mal...
C'est moi qui suis la cause de trois grandes guerres ; c'est
moi qui ai, sur des champs de bataille, fait tuer
80 000 hommes qui, aujourd'hui encore, sont pleurés par
leurs mères, leurs frères, leurs sœurs, leurs veuves!...
Mais tout cela c'est affaire entre moi seul et Dieu! Je n'en
ai jamais retiré aucune joie et je m'en sens aujourd'hui
l'âme anxieuse et troublée.

Nous sommes tous restés silencieux et j'ai pu observer
une larme qui coulait lentement le long de la joue du
chancelier.

Cet accès de sensibilité, provoqué sans doute
par la morphine, dont Bismarck faisait alors un
usage quotidien, ne doit pas nous émouvoir. Mais
le document a son prix. Au moins une fois le
Méphistophélès de 1870-71 s'est vu tel qu'il était
et a porté jugement sur lui-même.

A un pareil triptyque, forcément incomplet,

de la lourde, de la particulière méchanceté allemande, j'ajouterai cette remarque qu'il n'y a pas en Allemagne d'auteur comique. La veine comique, même amère comme chez Rabelais et Molière, Ben Jonson et Dickens, Cervantès, suppose, dans la race où elle se manifeste, un fond commun et disponible d'apitoiement, d'émotivité, et en même temps un degré d'humanisme auquel sont parvenues la France, l'Angleterre, l'Espagne, l'Italie, etc., auquel n'est point parvenue l'Allemagne. Elle est un pays triste, comme un avorton âgé, un peuple morne comme une expérience manquée. Une vanité ombrageuse et toujours crêtée empêche l'Allemand de se prendre soi-même en flagrant délit de bévue, de naïveté, de sottise ou d'outrecuidance, et de rire à ses propres dépens. La raillerie, aussitôt qu'elle l'atteint, lui paraît mériter la mort. Or le Français se blague copieusement et l'humour de l'Anglais s'exerce volontiers contre le pauvre enfant, vêtu de spleen, qui lui ressemble comme un frère. Mon père appelait l'ironie : « Le grand antiseptique des plaies d'orgueil. » Chez l'Allemand, ces plaies s'enveniment immédiatement et il n'y a pas d'antiseptique. C'est là, je pense, une des principales raisons psychologiques de son penchant à la férocité et de la brièveté de sa fausse bonhomie. Quand on rit, il croit qu'on l'outrage.

LA PHILOSOPHIE DE L'INCONSCIENT,
LE MANQUE D'INITIATIVE ET LE RÈGLEMENT

Continuateur, par un certain côté, de Schopenhauer, dont il n'a pas la verve baroque, Édouard de Hartmann a trouvé un titre qui a fait fortune : la *Philosophie de l'Inconscient — Philosophie des unbewussten*, et à sa suite, non seulement les métaphysiciens, mais encore les psychologues et les physiologistes d'outre-Rhin ont fait une grande consommation de l'*unbewusst*. Il n'y a rien de plus commode. Le système, bien entendu, sort du kantisme, cet immense réservoir des erreurs et des folies modernes. De même que la chose en soi, que le noumène ne peut être perçu par l'esprit humain, que séparent de lui ses catégories, de même l'homme recèle un hôte qu'il ignore et qui le conduit : l'inconscient. Cet hôte obscur règle tout l'automatisme, toute la machine, et aussi tout ce qu'il y a sous la pensée distincte et sous la volonté, dans le moment même où nous réfléchissons, où nous agissons. D'ailleurs, l'inconscient humain n'est que la somme, que la condensation de tous les inconscients de la nature, poursuivis et énumérés par Hartmann avec une ingéniosité égale à l'arbitraire. Sorti de l'inconscient, l'humain aspire à s'y replonger, et l'ouvrage se termine par un retour au néant, un appel au suicide qui a fortement contribué à sa fortune. Schopenhauer y rejoint Werther, selon un dosage éminemment germanique. On ne lit plus guère Édouard de Hartmann, il n'est pas très original, mais il a eu une réelle influence de divulgateur en Allemagne et même chez nous. Bien que séparé de Nietzsche par toute la distance du monsieur qui dit au monde « non, jamais plus » au monsieur qui lui dit « oui, encore une fois », il a frôlé la fameuse théorie du retour éternel, la *widerkunft des gleichen*. Un peu plus et il rendait superflue la conclusion de *Zarathoustra*.

À vrai dire, l'inconscient est pour les Français une vieille connaissance. Notre romantisme en a fait un étrange abus. Victor Hugo et ses émules, de Michelet à Leconte de Lisle, considèrent que la raison humaine est une pauvre petite pellicule de quelques millimètres, posée sur les abîmes de la sensibilité et l'instinct. De là à supposer que la sensibilité et l'instinct ont construit l'univers et dominent toutes les choses visibles et invisibles, il n'y a qu'un pas. Le pas suivant, vite franchi, consiste à les diviniser. C'est la porte ouverte à toutes les calembredaines, qui ont non seulement désolé la littérature et la philosophie dans la seconde partie du dix-neuvième siècle, mais encore encombré la science, faussé, par une extension induc, le principe — juste, s'il est

limité, — de l'évolution et vieilli avant l'âge
des auteurs par ailleurs bien doués. Un grand
nombre de gens sont, en effet, fascinés par cette
révélation soudaine que nous ne nous connaissons
pas tout entiers, que certaines forces secrètes et
redoutables veillent dans les profondeurs de notre
individu. Sur le plan moral, ils en concluent
aussitôt qu'il serait bien vain d'essayer de combattre ces démons, nécessairement invincibles,
que mieux vaut se résigner à les subir en les
admirant. Je n'insiste pas sur les conséquences.
La philosophie de l'inconscient commence par
engourdir l'entendement et jeter la confusion
dans le cerveau. Ensuite, elle joue les plus mauvais tours. C'est pourquoi l'Église, dans sa prévoyance, n'a jamais cessé de la poursuivre et de
la combattre, sous toutes ses formes, sous tous ses
déguisements, sous ses variations les plus bril-
lantes, les plus ornées et insidieuses.

Berceau de la Réforme et de l'individualisme,
l'Allemagne était prédisposée aux ravages d'une
telle doctrine. Si l'on voulait dénombrer les
adeptes de l'idole Inconscience chez nos ennemis
de l'Est, il faudrait passer la revue de presque
toutes leurs valeurs intellectuelles. On n'en trouverait pas une douzaine, de 1870 à 1891, qui ne
porte cette tare initiale, avouée ou non. C'est
qu'ici une forte prédisposition venait du confu-
sionnisme, cher à tout penseur allemand et pris

par lui pour de la profondeur. Quand un Germain instruit nous déclare superficiels et légers, — ce qui lui arrive plus d'une fois par jour, — il stigmatise ainsi nos préférences pour la Raison, mère de la clarté. L'un d'eux me disait un jour avec un accent inoubliable : « Vous ne pourrez jamais fournir un véritable psychologue... Vous êtes trop géomètres pour cela. » Il entendait, par ce reproche, que, dans les espaces de la pensée, nous ne reconnaissons que trois dimensions, une misère ! Aux yeux de l'Allemand cultivé, notre culture à nous est une carafe d'eau claire. La sienne est une immense cuve, où fermente tout l'*unbewusst*, tout le bouillon de l'inconscient. Dieu sait quelle pêche miraculeuse il va, à chaque lustre, opérer là dedans !

Nous sommes ici, n'en doutez pas, devant un des principaux promontoires de la fatuité allemande. Chaque doctor, chaque professor considère que les droits de sa patrie sur le monde géographique et économique sont légitimés par la révélation qu'elle a faite à l'humanité du monde intérieur. Pionniers de l'univers, parce que pionniers de l'inconscient, ils ne reconnaissent que l'Inde antique comme susceptible de leur être comparée, à ce point de vue, pour la richesse et l'enchevêtrement de ses créations psycho-émotives, pour ses poèmes allégoriques et spéculatifs, pour ses gouffres d'idées, analogues aux grandes profondeurs océaniques plus encore qu'au ciel étoilé d'Emmanuel Kant. Cette griserie d'orgueil ethnique, d'orgueil en commun, est issue d'une ivresse intellectuelle dont nous n'avons pas chez nous l'équivalent et qui est directement reliée au culte des mystérieuses puissances de l'instinct. Cette griserie, par une pente naturelle, est descendue des métaphysiciens et des idéologues aux industriels et aux commerçants, mais ce sont les premiers qui ont donné le branle. Il est bien certain que le fondeur de canons d'Essen Ruhr, qui appelle à lui le fer du monde entier, serait plutôt estomaqué si on lui exposait cette filiation et la genèse métaphysique de l'expansion formidable de ses usines. C'est bien ainsi cependant que les choses se passent et que les hommes se transmettent le flambeau d'âge en âge et de haut en bas, comme ils se transmettent les principes de mort et de vie.

La doctrine de l'inconscient, — nous voici loin de Hartmann qui n'en est qu'un mince épisode, — a donc agi sur la race allemande à la façon d'un poison convulsivant. Cela ne pouvait pas durer. Le Germain est lourd, avons-nous dit, et il manque spontanément d'initiative. La discipline est chez lui absolue, mais passive ; d'abord, parce qu'il craint ses rigueurs, ensuite parce que cette passivité lui est chère. Elle évite à la lenteur de son cerveau l'effort de la critique et de la détermination. Sa langue elle-même, qui ne place le verbe, c'est-à-dire l'action, qu'à la fin de la phrase, en est la preuve. Commandé, entraîné, encadré, il est le plus redoutable des adversaires. Aussitôt que le chef, qui le tient et le propulse, lui fait défaut, il s'effondre. On ne trouve alors plus personne. Indication qui, militairement, a sa valeur et permet de tout espérer du désarroi allemand, à partir de l'instant où la direction centrale a disparu.

J'alléguerai, à l'appui, un épisode de la guerre de Chine, au temps du soulèvement des Boxers (1901) que je trouve significatif. Un de mes amis, officier de grande valeur, d'admirable intelligence et d'une indomptable énergie, qui se trouvait à Pékin avec le corps expéditionnaire international, au moment de l'affaire des légations, nous racontait :

« Nous prenions le frais un soir sur la terrasse
« de la résidence, quelques officiers allemands,
« anglais et moi-même, quand nous vîmes tout à
« coup une grande flamme monter vers le ciel.
« Je m'écriai : Diable ! un incendie, où est-ce?
« Notre camarade X..., qui a un sens extraor-
« dinaire de la topographie, répondit : Il n'y a
« pas de doute, c'est au quartier général allemand.

« Du coup, tout le monde fut debout et déjà
« nous détalions vers l'endroit où se trouvaient
« les pompes perfectionnées dont étaient abon-

« damment pourvues les différentes nations. Il
« faut vous dire qu'à ce quartier général cou-
« chaient le maréchal Waldersée, chef de la mis-
« sion allemande, et son second le général
« Schwarzhof, très gallophobe, entre parenthèses,
« et tout désigné pour un commandement en chef
« dans la future guerre avec la France, ce qui ne
« l'empêchait pas d'être fort aimable et courtois
« vis-à-vis de nous.

« — Bien entendu, les Allemands couraient
« plus vite que vous tous?

« — Sans doute, mais quand nous les rejoi-
« gnîmes, on s'aperçut avec stupeur que leur
« désarroi était encore plus vif que leur inquié-
« tude. Ils avaient fait sonner au rassemblement
« de leurs hommes, ils les bousculaient, les inju-
« riaient, les brutalisaient, mais négligeaient
« absolument de leur donner des ordres précis et
« de mettre eux-mêmes la main à la pâte, ou plus
« exactement à la pompe. De sorte que, devant
« leur grand trouble, je leur proposai de prendre
« la direction des opérations de sauvetage, ce
« qu'ils acceptèrent bien volontiers. Par exemple,
« leurs soldats, désemparés eux aussi par un
« commandement dont ils n'avaient pas l'habi-
« tude, accomplissaient les manœuvres tout de
« travers, si bien que Français et Anglais finirent
« par endosser à eux seuls la responsabilité des
« opérations.

« — Vous ne trouviez pas cette situation para-
« doxale ?

« — Un peu. Mais nous étions enchantés de
« voir que l'absence et le risque de leurs grands
« chefs paralysaient ainsi les Allemands. Wal-
« dersée et Schwarzhof seraient tombés sur le
« champ de bataille, pensions-nous, que la pa-
« nique de leurs subalternes et de leurs soldats
« serait identique. Dans l'armée allemande,
« quand un rouage vient à manquer, tout s'ef-
« fondre avec une rapidité qu'on n'imagine pas.
« Bref, ces officiers et sous-officiers de Guil-
« laume II continuaient à ne pas savoir où donner
« de la tête. Sans eux les choses s'organisent, on
« met les pompes en batterie, une fenêtre éclate
« et l'on voit bondir en robe de chambre, com-
« plètement nu sous cette robe de chambre, ser-
« rant sur sa poitrine sa décoration et son épée,
« le maréchal Waldersée, tel qu'une vieille femme
« surprise par le feu en plein sommeil. Ses pre-
« miers mots furent pour attraper comme des
« pieds ses offiziere, qui le considéraient avec
« stupeur, la main à leurs casquettes galonnées,
« comme s'il se fût agi d'un revenant, d'un
« gespenst. Rien n'était comique, dans ce décor
« tragique, comme cette vieille dame en fureur
« devant ces grands garçons immobiles et en
« uniforme, qui la saluaient cérémonieusement.
« Waldersée, homme très fin, avait saisi tout de

« suite le ridicule de la situation. C'était cela qui
« l'exaspérait,

    « — Et Schwarzhof?

    « — J'y arrive. Ou plutôt nous n'y arrivâmes
« qu'avec d'infinies difficultés. Les meubles laqués
« du palais flambaient comme des allumettes. Il
« fallut tout inonder d'eau, et seulement au bout
« de deux heures on pénétra dans ces salles
« gigántesques, pareilles à un immense décor
« noirci, sauf les endroits qui ardaient encore, et
« à demi effondré. Après de longues recherches,
« on parvint enfin au salon qui servait de cabinet
« de travail au général Schwarzhof. Une multi-
« tude de papiers brûlés voltigeaient au-dessus du
« bureau, car le plafond avait croulé. Sous ces
« papiers, on aperçut des petites bottes qui dé-
« passaient, et l'on découvrit, en déblayant, une
« courte poupée militaire d'un mètre vingt envi-
« ron, exactement revêtue encore d'un uniforme
« recroquevillé par la chaleur. C'était tout ce qui
« restait de notre pire ennemi et de l'espoir de
« l'Empereur.

    « — Quelle tête faisaient les Allemands?

    « — Ils étaient de plus en plus hébétés. Ils
« n'osaient pas toucher le cadavre. Il fallut encore
« le relever, l'emporter au quartier général, sup-
« pléer jusqu'au bout ces colosses ahuris chez qui
« la notion exagérée du commandement, ou plu-
« tôt la terreur excessive du commandement,

« aboutissait à une véritable paralysie. Je devais
« faire de gros yeux à mes hommes, spectateurs
« de ce grand trouble, et qui commençaient à
« sourire. Quant à Waldersée, il avait disparu.
« Deux heures après, d'ailleurs, suivi de son
« état-major qui avait repris ses esprits, il venait
« nous remercier solennellement de ce que nous
« avions fait pour la dépouille de son cher cama-
« rade et subordonné Schwarzhof.

Celui qui me contait cette histoire exemplaire
conclut :

« Remarquables à la parade et tant que pas un
« de leurs supérieurs ne manque à l'appel, les
« Allemands. Mais, dans un coup de chien, leurs
« meilleurs capitaines, privés du colonel et du
« commandant, n'ont pas le quart de l'initiative
« d'un de nos troupiers. Il ne faudra pas oublier
« cela quand nous nous mesurerons de nouveau
« avec eux. »

Sur le plan de l'action, la philosophie du subjectivisme individuel et de l'inconscient aboutit
à une discipline de fer suppléant l'initiative défaillante, à l'homme-machine, à l'omnipotence du
règlement. Cette conciliation d'antinomies appa-
rentes s'opère spontanément au sein de la nation
allemande et nous en voyons les effets. Sans forcer
en aucune manière la filiation, nous pouvons
conclure de ce qui précède :

— Que Kant, dérivé de Luther et de Rousseau, a défini l'individualisme allemand et en a fixé le principe essentiel.

— Que Fichte a appliqué cet individualisme à la nation allemande, considérée du point de vue du langage comme le peuple digne de diriger aujourd'hui le monde civilisé.

— Que leurs successeurs n'ont fait qu'élargir et affermir ces tendances, en revendiquant pour l'Allemagne : au dehors la colonisation de l'univers, au dedans la découverte de l'inconscient.

— Que l'unité philosophique, linguistique, ethnique ainsi définie a été réalisée politiquement par Bismarck.

— Que l'armée allemande est le moyen de cette unité perpétuée et de sa domination sur le globe.

Ainsi, non seulement il n'y a pas deux Allemagnes : celle des philosophes, des savants, des lettrés et du peuple, celle de l'empereur, des pangermanistes et des militaires, comme le soutient obstinément en France un romantisme attardé et ignorant ; mais encore on connaît peu d'exemples, dans l'histoire, d'une aussi complète pénétration d'une vaste nation par une semblable aberration collective.

LE WAGNÉRISME ET SES RAMIFICATIONS

Les influences intellectuelles étrangères, si elles sont fortes et pénétrantes, démantèlent un pays

de la même façon que la non-préparation à la
guerre, à laquelle du reste elles contribuent. Il
serait absurde, et d'ailleurs impossible, de ne pas
savoir, d'ignorer systématiquement ce que produit, dans l'ordre de l'esprit, un puissant voisin.
Il est dans le tempérament français d'accueillir
avec bienveillance, et même avec engouement,
les manifestations artistiques venues du dehors.
Mais il est dangereux de se livrer, corps et âme,
à un génie ennemi, surtout quand ce génie a fait
la preuve qu'il était ennemi, et de la façon la
plus éclatante, surtout quand il y a, dans ce génie,
quelque chose d'irréductiblement opposé à notre
tempérament national. Ce fut le cas pour les
drames musicaux de Richard Wagner.

Je dis : les drames musicaux. Je ne dis pas :
la musique. La proscription de Schubert, de
Schumann, de l'immense Beethoven, — dont
les origines étaient flamandes, — serait stupide.
Avec Wagner il s'agit de tout autre chose : d'une
glorification méthodique, systématique, des
annales légendaires germaniques, d'un effort de
transplantation de la tragédie antique dans le
peuple allemand et, pour le peuple allemand,
d'une conquête des cerveaux, des imaginations,
par les nerfs dans un sens allemand. *Origine et
Développement, Ursprung und Entwickelung* sont
inscrits sur le fronton de ce que beaucoup de
Français enivrés appelaient, hier encore, le

temple de Bayreuth. Du point de vue qui nous occupe, Richard Wagner a, ethniquement et politiquement, une importance presque comparable à celle d'un Fichte sonore. Il fait, qu'on le veuille ou non, partie intégrante des intentions conquérantes et absorbantes de l'impérialisme allemand. Il a frayé la voie aux armées.

Comment, en dépit de certaines résistances, mal équipées et mal instruites, s'est-il insinué, puis installé chez nous une quinzaine d'années après la guerre de 1870-71, où il avait écrit contre nous son impardonnable pamphlet : *Une capitulation?* Voilà ce qui, je crois, a été jusqu'à présent assez mal connu. J'apporte ici le témoignage de mon propre emballement et de celui de tous mes camarades. J'assistais et je manifestais, dans le sens prowagnérien, à la fameuse représentation de *Lohengrin*, dite du « petit marmiton », à l'Éden de la rue Boudreau. Mon père, bien qu'ardemment patriote et ancien combattant de 70-71, y applaudissait Wagner avec moi. Hugues Le Roux avait publié la veille une interview d'Alphonse Daudet dans le *Temps* — c'était la mode alors — qu'il serait bien intéressant de relire aujourd'hui, et où l'admirateur de *Lohengrin* signalait cependant le conflit, en cette affaire, de l'esprit germanique et de l'esprit latin. Il importe que ces mélanges de clairvoyance et d'aveuglement cèdent désormais à une clairvoyance complète.

La vogue de Wagner en France a pris naissance
d'abord dans les milieux scientifiques, notamment
dans les salles de garde des hôpitaux et chez les
jeunes gens de nos Écoles qui, à l'époque, allaient
compléter leurs études dans les laboratoires allemands. S'il s'était agi d'un simple snobisme de
désœuvrés, le mal n'eût pas été aussi profond. Il
s'agissait de bien autre chose : d'une réaction spiri-
tualiste contre le matérialisme et l'évolutionnisme,
qui pesaient si rudement sur ceux de ma génération. On peut dire que l'Allemagne a bénéficié
de cette réaction de la jeunesse française sous
deux formes : le kantisme et le wagnérisme.
Quelques-uns de mes amis, les plus intelligents,
les plus laborieux, étaient ainsi complètement
germanisés, proclamaient ouvertement la supériorité de la culture allemande en science et en
art. Leur exemple était contagieux. A l'époque
dont je parle, tout adversaire de la métaphysique
allemande ou de Richard Wagner était considéré
comme un imbécile, avec lequel il n'y avait
même pas lieu de discuter. Une aristocratie intellectuelle était composée de ceux qui avaient fait
le pèlerinage de Bayreuth, suivi les cours de
Erb, de Wundt, des élèves de Virchow, ou
fréquenté le laboratoire de Kölliker. Un grand
nombre d'entre nous parlaient couramment la
langue allemande, lisaient Gœthe dans le texte et
récitaient les livrets de *Tristan et Iseult* et de la

Walkyrie en s'extasiant : « C'est du Dante ! »

Pour comprendre cet enthousiasme, il faut se rendre compte de la dépression morale de grands garçons de vingt à vingt-cinq ans, surmenés par les concours, passant leur matinée à l'hôpital, leur après-midi dans les laboratoires et les bibliothèques et opprimés par l'ambiance d'un plat réalisme, d'un « naturalisme ' » extrêmement grossier, ou d'un agnosticisme à la Renan qui, lui aussi, faisait fureur. Avec ce manque de choix qui caractérise, en général, les très jeunes gens, nous étions en quête d'un idéal, d'une fenêtre qui ne donnât pas sur un charnier, ou sur une doctrine désespérante ou morne, ou sur un doute. Wagner était là, avec ses histoires embrouillées d'or du Rhin pris et repris, de nains, de géants, de vierges guerrières, de héros purs, de « par pitié sachant », — *durch mitleid wissend,* — et cette mythologie de fer-blanc qui, aujourd'hui, nous fait sourire. On se jeta avidement sur sa symbolique. On analysa ses intentions morales et amorales, on scruta finement sa mystique. Que de fois, au lit des malades, dans ce jour gris d'hiver qui tombe maussadement des fenêtres des hôpitaux, à la salle d'opérations, autour des microscopes en batterie, — microscopes Zeiss, d'Iéna, à immersion naturellement, —j'ai entendu fredonner le thème du feu, celui de l'épée, celui du sommeil, celui du destin, courtes évasions vers le rêve, hors d'un réel immédiat et brutal. Dès que nos conversations d'étudiants s'élevaient au-dessus du terre à terre quotidien, ou du professionnel, ou des brigues et intrigues de Faculté, le nom de Wagner reparaissait. Le jeudi soir, accouraient chez mon père une vingtaine de mes compagnons d'études, totalement étrangers à la littérature, mais désireux de rencontrer là des musiciens ayant connu le maître de Wahnfried, des poètes comme Mendès, ou des correspondants de journaux allemands ayant été admis dans son intimité. On les harcelait de questions, on ne se rassasiait pas d'entendre de leur bouche comment *il* s'habillait, comment *il* riait, comment *il* parlait, comment *il* grimpait aux arbres ou imitait le chien furibond pour fuir les importuns. Je me rappelle le mot d'un de mes amis, aujourd'hui médecin célèbre, devant le convoi funèbre de Victor Hugo à travers Paris : « Qu'est-ce que Hugo à côté de Wagner?... Un moustique! » Un autre disait : « Wagner est le premier des embryologistes et des ethnographes de tous les temps. Son œuvre a un goût de genèse. Elle est un pont entre la science et l'art. »

On trouverait des vestiges de cet état d'esprit extasié, en feuilletant les collections des petites revues qui pullulaient à l'époque et où surabondent les gloses et interprétations des divers drames wagnériens. Ces insanités avaient un

grand succès. On les répétait, on les colportait
un peu partout.

Sans doute y avait-il, dans d'autres milieux,
quelques résistances acharnées. Elles paraissaient
manquer de sérieux, tenir à l'ignorance ou à la
concurrence. L'objection du bonhomme Sarcey :
« J'comprends pas, j'renonce à comprendre »,
trop souvent répétée, faisait rire. J'ai entendu un
de mes camarades lui répliquer : « Essayer de
comprendre quand on ne comprend pas, c'est
précisément cela qui est beau, monsieur Sarcey. »
Il en était de même des plaisanteries, d'ailleurs
portant à faux, du boulevard et de ses journaux.
Wagner est long et diffus, mais il n'est pas obscur
en somme et sa caractéristique dramatique est
plutôt une suite alternée de tortueuses explications, trop complètes, et de brutalités. Musicale-
ment, il n'est pas tapageur, s'il est quelquefois
éclatant ; peu d'œuvres donnent une impression
de fondu, d'estompé, de brume de son, comme
Tristan et Iseult. De sorte que ces critiques, in-
justes et erronées, incompétentes, portaient encore
de l'eau à son moulin.

Je dois noter que la production successive, sur
la scène française, de ses drames musicaux,
production habilement calculée et graduée pour
surexciter la curiosité et le désir, vint en aide à
cette frénésie. On en avait assez pour s'exalter,
on n'en avait pas assez pour se lasser. Il est remar-

quable que *Parsifal*, le saint des saints, n'ait été finalement représenté à l'Opéra qu'à la veille de la deuxième guerre franco-allemande, comme si un malin génie allemand nous disait : « Vous avez avalé toute son œuvre. Maintenant, comme dessert, voici nos pruneaux. »

C'est ainsi qu'en 1893, vingt-trois ans après 70, la première représentation de la *Walkyrie* à l'Opéra fut non seulement une solennité artistique, mais un regain pour le wagnérisme. Des milieux scientifiques et médicaux, des premiers pèlerins de Bayreuth, cet engouement avait gagné maintenant la totalité du public. Je n'ai jamais assisté, au théâtre, à un triomphe aussi complet. J'ajoute, pour être véridique, que la salle était remplie d'Allemands et que, dans les couloirs, on mâchait de la paille à qui mieux mieux. Il n'y a pas à douter que chacune de ces soirées était considérée, au delà du Rhin, comme une victoire du germanisme et comme devant servir à la future conquête territoriale de la France. Aveugles, trois fois aveugles, ceux qui, même maintenant, après la terrible épreuve de 1914, continuent à ne pas s'en rendre compte! On peut admirer la musique de Wagner, mais il faut savoir aussi que les drames de Wagner sont une avant-garde et qui ne lâche pas aisément ses positions une fois conquises.

Je n'ignore point qu'en Allemagne même,

Wagner éprouva de vives résistances et des mécomptes, avant d'obtenir la seconde couronne de l'empire. Je n'ignore point que maintes fois, surtout en présence de Français, il s'est emporté contre la lourdeur et l'incompréhension de ses compatriotes. Tout cela est de nulle importance en présence de ce fait qu'il a jeté un voile somptueux sur l'immense pénurie artistique de son pays entre ces deux dates 1870-1914, et qu'il a ainsi servi l'Allemagne de toutes ses forces, de toute sa robuste et captivante individualité. Vers la fin du livre très documenté et intéressant qu'il a consacré à Wagner et à son œuvre, Édouard Schuré écrit ceci : « Le théâtre antique est sorti d'un culte religieux et des entrailles du polythéisme grec. L'opéra moderne, sauf de rares exceptions, est une œuvre de luxe et de divertissement. Le théâtre de Wagner est le premier qui ait été fondé uniquement pour une idée. »

Parfaitement, et cette idée est celle de la grandeur, de la suprématie allemandes. Je citerai encore Édouard Schuré, peu suspect de manquer de déférence pour Wagner, au chapitre de la *Tétralogie des Niebelungen* :

Nous touchons enfin à la création sinon la plus parfaite, du moins la plus surprenante et la plus colossale du poète musicien. Tout y est extraordinaire et hors cadre : le sujet, l'idée, la forme, la proportion même de l'ensemble. Son étrangeté défie la comparaison et son audace rompt

en visière avec toutes les habitudes du théâtre contempo-
rain. Entrevu au sortir de la jeunesse, ébauché dans la
force virile, continué en exil, abandonné, repris, achevé
enfin vingt ans environ après sa conception première, ce
drame gigantesque occupe une place capitale dans le développement de l'artiste. Il a plané sur sa vie orageuse et
obsédé sa pensée comme le génie à la fois sombre et lumineux de sa destinée, ce génie qui lui commandait, semble-
t-il, d'oser toujours davantage et de couronner son œuvre
par une tentative unique dans les temps modernes...

*... De quoi s'agit-il dans ce drame auquel l'auteur a rat-
taché la fondation d'un nouveau théâtre conçu dans un esprit
diamétralement opposé aux théâtres existants, et qui forme
comme le couronnement d'une œuvre entière? Ressusciter
l'ancien mythe et la légende héroïque des Germains en ses cou-
leurs fortes et primitives, les fondre en un seul tout par le
souffle d'une inspiration nouvelle sous la maîtrise d'une
grande pensée, et représenter ce vaste ensemble en quatre jour-
nées ou drames successifs, à la manière des trilogies antiques,
avec toute la splendeur décorative et l'exécution parfaite que
réclame un sujet aussi riche : tel était le projet.*

Siegfried étant le personnage central et sail-
lant de l'épopée germanique, « le dessein extrêmement hardi du poète était de renouer la tradition
héroïque des Germains, qui se groupe autour du
personnage de Siegfried, au mythe des dieux germaniques et scandinaves dont Odin (en allemand
Wotan) est le chef ». Somme toute, Wagner a
réussi ce que le dramaturge Hebbel, avec sa tri-
logie des *Niebelungen*, avait manqué. Il a donné
à l'imagination allemande son théâtre et rafraîchi,
pour le peuple allemand, l'épopée de ses origines.

Sans lui, le grand effort militaire et politique de
1870-71 n'aurait eu ni les mêmes conséquences,
ni le même rayonnement. Son œuvre, dont je ne
discute nullement la puissance éducative quant à
l'Allemagne contemporaine, est consciente et appropriée. Consciente, car ce détracteur acharné des
travers de ses compatriotes attachait, comme eux,
une importance considérable aux sources légendaires, à la valeur ethnoplastique de la mythologie
et des sagas. Appropriée, car ces aventures exces-
sives et sauvages sont baignées dans la brume
métaphysico-musicale qui convient au tempérament germanique. Elles donnent l'illusion d'une
grande profondeur sur le plan du rêve guerrier
et mythique, comme sur le plan sonore. Nietzsche,
en dépit de la faiblesse de son *Cas Wagner*, où
la haine se ressent trop de l'amour antérieur et
participe à ses injustices, Nietzsche a relevé cependant
avec finesse que l'écueil sur lequel donna le
vaisseau de Wagner était la philosophie de Schopenhauer.

L'anneau de Siegfried est en effet schopen-
hauerien, mais il n'en convenait que mieux à la
nation pour laquelle il était forgé. C'est en ce
sens que nous devons reprendre à notre compte
le refrain murmuré par Nietzsche derrière le char
du triomphateur, son *memento quia pulvis* de
disciple refroidi : « L'adhésion à Wagner se paie
cher. »

L'auteur du *Cas Wagner,* en parlant ainsi, faisait allusion à l'abaissement, à la vulgarisation du goût, dont il rendait le magicien de Bayreuth responsable. Mais si je répète à mes compatriotes : « l'adhésion à Wagner se paie cher », c'est parce que, à mon sens, il dénationalise les Français à la façon d'un Kant, d'un Hegel ou d'un Schopenhauer. Il a insinué dans nos jeunes esprits, par l'oreille, — comme le beau-père d'Hamlet, — et par l'entendement, comme ces philosophes, aussi par la magnificence de ses spectacles, le poison germanique. Il aura fallu, pour nous en délivrer, la guerre de 1914. Désormais, nous l'examinerons et nous le jugerons, au lieu de le subir, comme nous le fîmes pendant vingt-cinq ans. Nous dégagerons des *Maîtres Chanteurs* la formule d'individualisme germanique qui y est si toxiquement contenue, ce que Nietzsche appelle aussi « une indifférence toujours plus grande à l'égard de toute discipline sévère, noble et consciencieuse au service de l'art ». Nous dégagerons de *Tristan et Iseult* la formule schopenhauerienne du renoncement et du pessimisme anarchique, qui décompose la morale occidentale en une contrefaçon du bouddhisme. Nous dégagerons de *Parsifal* l'illustration scénique du modernisme à l'allemande, son essai de parodie sacrilège. Nous dégagerons enfin de la *Tétralogie* le suc vireux, quintessenciel du germanisme légendaire.

C'est plus qu'il n'en faut pour bannir ce poète ennemi de notre cité.

L'incursion de Wagner en France était allée si loin qu'elle avait fini par nous faire admettre, sous prétexte de traduction littérale, un invraisemblable charabia copié, calqué sur la syntaxe allemande, le type même du français légal que nous eût infligé une Allemagne victorieuse. Qu'on relise, pour s'en rendre compte, si on en a le courage, les traductions d'Alfred Ernst et de Louis Pilate de Brinn' Gaubast. On ne comprendra plus, dans quelques mois, comment le public de l'Opéra en était descendu au point de subir patiemment un pareil affront fait à notre langage, c'est-à-dire à ce que nous avons de plus précieux avec notre sol. Rien ne démontre mieux, plus brutalement, la nocivité foncière du wagnérisme que cette intervention du Procuste allemand dans notre claire et noble syntaxe. De là à nous imposer, sur nos scènes lyriques, le texte allemand lui-même, c'est-à-dire la botte du vainqueur de 70, il n'y avait qu'un pas et ce pas avait été franchi. En vérité, quand je me reporte à cette lointaine année de 1913, — de la même qualité de lointain que 1869, — je me dis qu'il était temps de secouer le joug, à tous les points de vue, industriel et financier, comme diplomatique et intellectuel. Ce qui nous menaçait, si nous n'avions réagi, c'était la colonisation, c'était l'esclavage !

Chaque âge, dans chaque nation, a ses méthodes. L'Allemagne de 1813, frémissante de passion ethnoplastique et du désir de relèvement, avait le lied guerrier. L'Allemagne de 1913, ivre de conquête et d'orgueil, avait l'opéra de Wagner. Mais alors que le lied ne valait que pour l'Allemagne et agissait au dedans d'elle, l'opéra de Wagner agissait chez nous. Il était une forme de l'envahissement. Il était à lui seul Kœrner, Arndt et Rückert. Il était l'ennemi dans la place.

Il faudrait citer tous les poèmes de Arndt pour y retrouver le chant de l'impérialisme, tel qu'il enivre encore les sujets de Guillaume II. Écoutez *la patrie de l'Allemand* :

Quelle est la patrie de l'Allemand? est-ce le pays de Prusse? le pays de Souabe? celui du Rhin, où les raisins mûrissent? celui du Belt, où la mauve voltige? Oh! non, oh! non, sa patrie doit être plus grande!

Quelle est la patrie de l'Allemand? est-ce le pays de Poméranie? le pays de Westphalie? celui où tourbillonne le sable des dunes? celui où le Danube court en mugissant? Oh! non, oh! non! sa patrie doit être plus grande!

Quelle est la patrie de l'Allemand? est-ce le pays de Bavière? le pays de Styrie? celui où paissent les troupeaux des Marses? celui où l'habitant de la Marche trouve le fer? Oh! non, oh! non! sa patrie doit être plus grande!

Nomme-la donc, cette grande patrie! est-ce le pays des Suisses? le pays du Tyrol? son peuple me plaît. Mais non, mais non! la patrie de l'Allemand doit être plus grande!

Nomme-la donc, cette grande patrie! c'est sans doute le pays d'Autriche, puissant en honneurs et en victoires? Oh!

non, oh! non! la patrie doit être plus grande encore!

Nomme-la donc, cette grande patrie! est-ce le pays que les princes ont ravi à l'empereur et à l'empire? Oh! non, Oh! non! la patrie doit être plus grande encore!

Nomme-la donc cette grande patrie! — Écoute : c'est le pays où retentit le langage allemand, où les chants célèbrent Dieu dans son ciel. Brave Allemand, voici ce que tu dois nommer ta patrie!

Cela continue ainsi, sans que cesse un moment l'état de griserie ethnique, cet état qui n'a pas commencé, on le voit, avec les victoires allemandes de 1870. Il respire encore dans les strophes suivantes du même Arndt :

Être Allemand est un honneur; Dieu soit loué, je suis Allemand! Que je serais triste si je ne l'étais pas! je regarderais avec envie les hommes allemands!

L'Allemand n'est pas semblable au renard et au lynx dans les cavernes, il ne cache pas son âme devant ceux qui rôdent et qui épient, il la porte franchement sur son visage!

J'ai parcouru bien des pays lointains, mais sur terre je ne vis rien au-dessus de l'Allemagne!

Les mœurs allemandes sont au-dessus des mœurs étrangères. Tout le fruit que j'ai recueilli de mes voyages, c'est que j'aime les mœurs allemandes!

Que celui qui aime la vertu et chante l'amour vienne dans notre pays allemand; si son cœur et ses regards ne sont pas troublés, il les verra marcher se donnant la main avec des gestes d'anges; alors il leur souhaitera d'être Allemand, et il entendra retentir jusqu'au ciel : « Dieu soit loué, je suis Allemand! »

Théodore Kœrner a une autre embouchure,

mais l'inspiration est exactement la même, ainsi qu'en témoigne ce *chant de chasseurs :*

Courage, chasseurs libres et alertes. Détachez le fusil de la muraille. L'homme courageux combat le monde. Courage, à l'ennemi ! Courage, au champ de bataille, c'est pour la patrie allemande.

De l'est, du nord, du sud, de l'ouest, la main de la vengeance nous rassemble ; de l'Oder, du Weser, du Mein, de l'Elbe, du vieux père Rhin, des vallées du Danube, nous sommes tous accourus.

Nous sommes tous frères, c'est ce qui accroît notre courage. Le lien sacré du langage nous unit. A nous un Dieu, une patrie, un fidèle sang allemand.

Ce n'est pas pour conquérir que nous avons quitté le foyer paternel. Nous combattons la honteuse oppression. Qu'elle périsse dans le sang !

Mais vous, qui nous aimez fidèlement, que le Seigneur soit votre bouclier ; dussions-nous le payer de notre sang. La liberté est le premier des biens, coûtât-elle mille fois la vie.

Partons, joyeux chasseurs ; libres et alertes, partons, malgré les pleurs de nos amantes. Dieu nous aidera dans cette guerre juste. Courage, au combat ! Mort ou victoire ! Courage ! frères, à l'ennemi !

Quant à Rückert, Édouard Schuré, dans son *Histoire du Lied en Allemagne,* — réplique, en quelque sorte, de son *Richard Wagner,* — analyse ainsi ses *Trois compagnons :*

Trois soldats sont ensemble à la guerre, l'un est Prussien, l'autre Autrichien, le troisième ne dit pas de quel pays il est. Frappés d'un coup de mitraille, ils tombent tous trois ensemble, l'inconnu au milieu, les deux autres à ses côtés. L'un crie : Vive la Prusse! L'autre : Vive l'Autriche! Alors l'inconnu se relève et s'écrie d'une voix défaillante : Vive l'Allemagne! Les deux autres se relèvent, se cramponnent à ses bras et tous trois, avant d'expirer, s'écrient encore une fois : Vive l'Allemagne!

Cela est-il d'hier ou d'il y a cent ans?

Qu'on ne s'y trompe pas : l'ardeur nationale qui anime ces petits poèmes est également brûlante, également motrice dans le « leit motiv » wagnérien. En voulez-vous une preuve récente? Un des premiers journalistes de ce temps, Pierre Lalo, le fils du grand musicien du *Roi d'Ys* et le critique musical du *Temps*, se trouvait à Bayreuth au moment de l'ouverture des hostilités. La mobilisation générale fut annoncée solennellement, pendant un entr'acte de *Parsifal*, devant le théâtre wagnérien, par les notabilités de l'endroit, au son de trompettes qui exécutaient les principaux motifs de la *Tétralogie*. C'est ainsi que tout naturellement ces chants belliqueux se liaient à la guerre.

Il y a un sophisme qui consiste à dire : « Wagner est une source d'héroïsme, en même temps que de nostalgie. Ce sont là les deux grands leviers du drame lyrique. Il suscitera aussi bien l'héroïsme des Français qu'il suscite celui des Allemands. » Rien de plus faux. Il ne viendrait pas à l'idée des officiers allemands d'entraîner leurs régiments au son de la *Marseillaise*. Ce qui a été conçu par un artiste de génie, ou dans une illumination géniale, pour l'entraînement d'un peuple déterminé, ne saurait entraîner un autre peuple. L'élan communiqué tient précisément à une communion intime et profonde entre ce chant, doublé de ce rythme, et ce peuple. Ce qui ébranle l'un n'ébranle pas l'autre. Jusque chez l'ennemi, sans doute, ce chant de guerre poursuit son action; mais il la poursuit au détriment de ceux qui l'ont adopté imprudemment, et qui sont ainsi façonnés par lui à la ressemblance de ceux qu'ils combattent. Ces « motifs » de Wagner sont des commandements militaires en langue allemande. Ils ne valent que pour les Allemands. Mais ils valent, en France, contre les Français.

Nous ne manquons pas, Dieu merci, d'entraîneurs nationaux, adaptés à notre tempérament, à nos aspirations et qui remplaceront avantageusement l'ethnoplastique wagnérienne.

Est-ce à dire qu'il faille bannir Wagner de nos concerts, traiter comme nul et non avenu ce magistral trouveur de sonorités et de rythmes? Ce serait folie. Pas au lendemain de la guerre, mais plus tard, il n'y aura aucun inconvénient à exécuter ni à entendre de copieux fragments de *Tristan et Iseult*, de *Parsifal* et des *Maîtres chanteurs*. Ces œuvres seront alors remises à leur plan ; la guerre et la critique issue de la guerre auront passé sur elles et fait le tri du bon et du mauvais. Mais nous ne fournirons plus d'aliment à l'idolâtrie prowagnérienne, qui faillit étouffer le génie musical français. Mais les sonneries guerrières allemandes de la *Tétralogie*, le boute-selle de *Siegfried*, la charge de la *Walkyrie* et la diane de l'*Or du Rhin* ne viendront plus, dans des décors appropriés, au milieu des acclamations de la colonie allemande installée chez nous, dénationaliser et germaniser nos jeunes gens. La leçon victorieuse de 1914 sera plus complète et plus claire que la leçon désastreuse de 1870. Nous refuserons la coupe tendue par le perfide magicien de Wahnfried, où est le venin de mort et de vie, de mort quant à la France, de vie quant à l'impérialisme allemand.

On remarquera que je ne me suis nullement placé jusqu'ici au point de vue du goût en général, point de vue que Frédéric Nietzsche a développé, dans son *Cas Wagner*, avec un mélange de justesse et de rancune. Ce qu'il dit du cabotinage et du gros effet chez Wagner est, à mon avis, très exact. L'auteur de *Parsifal* est un dramaturge à effets extérieurs ; en quoi il diffère profondément d'Eschyle, d'Euripide, de Shakespeare et de Corneille, qui sont des dramaturges à effets intérieurs, à nœuds et dénouements de crises psychologiques, commandées soit par la fatalité, soit par les tempéraments. La *Tétralogie* est un gigantesque trompe-l'œil. La matérialité du philtre gâche *Tristan et Iseult,* où le sublime est obtenu par le murmure marin et un chant de pâtre. De là vient que ce fabricant de sortilèges étincelants, mais bruts, est un si mauvais maître de musique, s'il est un excellent entraîneur d'Allemands. Ses imitateurs, en France comme ailleurs, ont toujours été au-dessous de tout. Je ne m'étendrai également ni sur la question du leit-motiv, dont l'invention est antérieure à Wagner et qu'il a seulement vulgarisée, ni sur les formidables steppes d'ennui qu'il aménage dans ses scénarios. Ce sont là sujets rebattus et devenus singulièrement inactuels. Félicitons-nous seulement de ce que la guerre de 1914 doive nous débarrasser de cette tyrannie dramatico-intellectuelle, qui pesait sur nous.

Les Français vont pouvoir se rendre compte qu'il existe une admirable musique française, un grand génie lyrico-dramatique du nom de Rameau, et que l'éducateur de l'héroïsme par la scène porte chez nous le nom de Pierre Corneille.

FRÉDÉRIC NIETZSCHE ET LE NIETZSCHÉISME

De tous côtés, en Angleterre, en Russie, en France, ce n'est qu'un cri contre Frédéric Nietzsche et ses responsabilités dans les méthodes barbares des Allemands en campagne. A beaucoup un parallèle semble s'imposer entre les théories implacables de l'auteur de *Zarathoustra* et les atrocités qui ont signalé le passage des armées de Guillaume II en Belgique et dans le nord de la France. Ce rapprochement est séduisant et il est facile. C'est pourquoi il convient de s'en méfier. Sans nier la part d'influence de Nietzsche dans le sauvage orgueil de l'impérialisme allemand, je la crois infiniment moins grande que celle de Kant, de Fichte et de Wagner, pour ne citer que ces trois maîtres d'erreurs. Ce n'est pas toujours le plus cynique qui est le plus nocif.

Les soldats allemands, a-t-on assuré, ont les œuvres de Nietzsche dans leur sac. J'imagine qu'ils doivent y trouver quelques morceaux durs à avaler. La vérité est que Nietzsche, écrivain d'humeur, ami de la contradiction et très souvent envers lui-même, malade surtout et de plus en plus hanté par la résistance morale à la maladie, n'est guère accessible à Fritz, à Hans, ni à Michel, ces trois prototypes du troupier poméranien. Est-ce à dire qu'il n'y ait pas une certaine ressemblance entre les procédés impitoyables de Fritz, de Hans, de Michel et de leurs chefs et maints aphorismes de *La Volonté de Puissance?* Certainement non. Issu d'une famille polonaise, les Nietski, fils d'un pasteur de la Saxe prussienne, Nietzsche est un curieux et instable amalgame mental de deux éléments ethniques qui prennent alternativement la parole en lui, se contredisent, se combattent et souvent se déchirent : il a du Slave la souplesse et la recherche des articulations entre l'intelligence et la sensibilité. Il a de l'Allemand le rigorisme déductif et la foi dans l'origine-développement. Sous l'action de la fléchette héréditaire qui donne la clé de son talent et de sa destinée, il a poussé au paroxysme ces deux tendances antagonistes, qui lui présentent successivement toutes leurs facettes. Il est ainsi très capable de mouvoir des intellectuels, des inquiets et des malades dans le sens de la férocité, ainsi que ceux qui gravitent dans l'orbite ou la dépendance de ces intellectuels, de ces inquiets, de ces malades. Mais on ne l'imagine pas déterminant pour des masses d'hommes et son rayonnement n'est pas comparable à ceux que j'ai envisagés précédemment.

Toutefois je suis persuadé qu'en dépit de ses invectives contre ses compatriotes, il eût été extrêmement flatté d'être considéré comme leur Attila métaphysique, comme ayant déchaîné leurs fureurs. Les ambitions démesurées de l'impérialisme germanique actuel eussent plu à son « dionysisme », à sa conception dynamique des « maîtres » dignes de ce nom. Il eût débiné férocement Guillaume II, mais il lui eût donné du surhomme et son orgueil n'eût pas manqué de traits empoisonnés à notre adresse, à celle des Anglais et des Belges. Je vois d'ici le paragraphe de sa plume, intitulé « neutralité », et où il eût rejoint, en ricanant et en les injuriant, von Jagow et Bethmann-Hollweg. Car il faut toujours, même quand il adhère, qu'il grince et qu'il déchire. Puis n'avait-il pas la prétention de devenir, avec les années, un cataclysme, un fléau, une convulsion des peuples. S'il vivait encore, il songerait : « Mes temps sont venus », et il enverrait, sous sa grosse moustache, un sourire à son miroir. Il fut, avant tout, avant même le délire des grandeurs, un immense fat.

Une dame de ma connaissance, femme de haute intelligence et de forte culture, aujourd'hui disparue, faisait le voyage de l'Engadine, il y a de cela une trentaine d'années. Au petit jour, elle remarqua qu'un voyageur aux yeux étincelants, aux épaisses moustaches, en veston gris foncé, une couverture sur les jambes, — bien qu'on fût en été — avait pris place en face d'elle : « Madame, vous ne dormez plus. Je ne dors pas davantage. Voulez-vous que nous causions ? »

Elle accepta. Il fut d'une verve, d'une éloquence extraordinaires, prenant, les uns après les autres, les écrivains français contemporains, les analysant, les louant, les déchiquetant. A mesure qu'il parlait, remontant sa couverture et frémissant d'esprit, il émanait de lui, de son ton, du timbre de sa voix, une sorte de malaise. Il s'en aperçut et, d'un air triste : « Je ne vous fatigue pas?

— Mais non, vous m'intéressez beaucoup, au contraire.

— Si, si, je dois vous fatiguer... Cela arrive toujours ainsi. » Un long silence, puis : « Je suis Frédéric Nietzsche. » A partir de là il ne dit plus un mot, ne répondant que par un pâle sourire aux remarques de sa compagne de voyage. Arrivé à destination, il la quitta cérémonieusement. Elle avait eu l'impression « d'un homme qui meurt de faim au milieu de fabuleuses richesses ». C'est tout à fait cela. Son œuvre si abondante, si touffue, laisse un sentiment de dévastation. Brûlant ce qu'il avait adoré, adorant ce qu'il avait brûlé, il était en outre atteint de sicambrisme. Son existence était un drame dans lequel il se jouait à lui-même une infinité de petits drames et je la comparerais volontiers à la scène fameuse de *Hamlet*, à la représentation des comédiens à Elseneur, avec son double tiroir d'allusions à des allusions.

Trois ouvrages, entre autres, sont à consulter si on veut comprendre non seulement la nature psychologique de Nietzsche, — plus intéressante, je crois, que ses thèses, — mais les antinomies qui sont en lui : *La Morale de Nietzsche*, par

Pierre Lasserre; *la Vie de Frédéric Nietzsche*, par Daniel Halévy, et *Apollon ou Dionysos*, par Ernest Seillière. Ses recueils les plus significatifs sont : *Aurore, le Voyageur et son ombre* et *la Volonté de Puissance*. Quant à son *Zarathoustra*, auquel il attachait tant d'importance, le pauvre, c'est une contrefaçon allemande des sublimes chants de *l'Enfer*, une effroyable salade du Dante, de Lamennais et du Quinet d'*Ahasvérus*. Voilà un ouvrage auquel va nuire la guerre de 1914! Car Nietzsche, malgré qu'il en eût, a certainement bénéficié de la victoire allemande de 1870. « ... Peut-être, disait-il à Jacob Burckhardt, peut-être cette guerre aura-t-elle transformé notre ancienne Allemagne. Je la vois plus virile, douée d'un goût plus ferme, plus fin. » L'auteur du *Crépuscule des idoles* connaîtra bientôt son crépuscule. Il n'est que temps d'exposer les origines de son succès en France, succès relativement récent.

De même que le wagnérisme fut chez nous une réaction contre le matérialisme et l'évolutionnisme, de même le nietzschéisme fut une réaction contre la pitié russe, la vogue de Tolstoï et des adeptes de la non-résistance au mal. Les hommes de mon âge ne se rappellent pas sans horreur cette période de sensiblerie universelle, pendant laquelle il était de bon ton de mépriser la force et la santé et de considérer comme une brute toute personne capable de défendre, les armes à la main, son logis, son sol, son langage ou ses traditions menacées. Bénéficiant sur le tard de son grand et juste prestige de romancier et d'observateur, le vieillard aberrant d'Iasnaïa Poliana chaussait en France les pantoufles humanitaires de feu Victor Hugo. La littérature et la vie courante étaient encombrées de pardonneurs, de rédempteurs, d'anges déchus et de rachetés. Les choses en étaient à ce point que toute vertu — au sens latin — était regardée avec dégoût. Ce fut là, entre parenthèses, une des origines du pacifisme, de l'antimilitarisme et de quelques-unes des folies qui faillirent nous perdre, qui nous auraient perdus, sans le ressort providentiel de notre race.

Au milieu de cet affaissement presque général et de cette dévirilisation des caractères, le sarcasme de *Zarathoustra* tomba comme un pavé dans la mare aux grenouilles. Frédéric Nietzsche inaugura alors le snobisme de la dureté, moins redoutable, à tout prendre, que celui de l'acceptation, dans la condition où se trouvait alors la France vis-à-vis de la débordante Allemagne. Il est évident que très peu de ceux et de celles — car il y avait des admiratrices dans son affaire — qui se réclamaient de lui avaient une notion distincte de ses tranchantes affirmations; il est clair que cette apologie de la vigueur et de l'équilibre, de la méfiance armée et de la vigilance, dans un grand malade, présentait à la réflexion quelque chose de douloureusement ironique; il est clair que les attaques de Nietzsche contre le christianisme et contre la Rome des papes sont comme un lointain écho du Kulturkampf et une réminiscence du « Los von Rom », transportés de la politique bismarckienne dans la philosophie du surhomme; il est clair que cet amas de sentences et d'images, de réminiscences venues des quatre coins de l'horizon littéraire et, notamment, de La Rochefoucauld, de Laclos, d'Helvétius et de Stendhal, aboutit à un terrible fatras. Ceci constaté, aussi fortement et nettement que possible, — car il y a plus d'une page où ce malheureux homme donne la nausée à son lecteur, — il convient de ne pas charger Nietzsche de tous les péchés du criticisme, du schopenhauérisme et du wagnérisme.

C'était, autant qu'on en peut juger, un esprit apte à tout concevoir sous la forme du dynamisme, de l'énergie tendue. Sa fameuse distinction d'Apolliniens et de Dionysiens aboutit, en somme, à la séparation du statique et du dynamique. Il était de ces géomètres pour qui les surfaces sont des intersections de mouvements de lignes, de ces psychologues pour qui les états d'âme sont des conflits, momentanément figés et fixés à leur point mort. Son impatience est un éboulement, sa précipitation intellectuelle est voisine de l'épilepsie. Sa réflexion procède par jets courts et fulgurants, qu'il raboute ensuite tant bien que mal. Il adapte frénétiquement la circonstance à son système. Souffrant, il hait et raille la souffrance comme « quelque chose qui doit être surmonté ». Écorché vif, physiquement et moralement, il crie de toutes ses forces sur le promontoire du « retour éternel » : « Oui, encore une fois ! » Ombrageux, trépidant, fébrile, il érige en axiomes et en règles l'angoisse, la trépidation, la fébrilité. Blasphémateur jusqu'à ce point où le blasphème se perd dans la niaiserie, comme une gourme de l'adolescence persistant dans l'âge mûr, il lui attribue une force brisante qui n'existe pas. Croyant faire sauter un monument, c'est à peine s'il déplace une motte de terre. De même qu'il s'écarte violemment de ce qui l'a attiré, de même il écarte violemment ceux qu'il attire et sa fascination n'est pas durable. Il peut être un danger, mais un danger qui passe vite, comme celui d'un projectile.

Ainsi que pour son ami-ennemi Wagner, les reproches qu'on lui a adressés pour commencer, n'étant pas ceux très graves qu'il méritait, l'ont plutôt servi qu'ils ne lui ont nui. On a maudit en lui l'apologiste de la force. D'abord, c'est ce qu'il a de plus sincère, de plus spontané. Ensuite, la force est souvent une bonne chose, ne fût-ce que lorsqu'elle s'oppose à la force, et nous le voyons bien en ce moment. La force est un passage inévitable des affaires humaines; il est bon de le savoir et de s'y préparer. Elle est intimement liée à la vie et on ne peut pas plus la condamner qu'on ne condamne la vie elle-même. Supprimer la force, c'est se supprimer, chez les individus comme chez les nations. Ce qui est blâmable, c'est son abus; mais celui-ci ne peut être limité que par une autre force de sens contraire. On s'est scandalisé de sa véhémence, de son manque de ménagements. L'eût-on préféré sournois et insidieux? Qu'il soit rebutant par endroits, c'est une autre affaire et je prie de croire que je ne conseillerai qu'on le mette dans aucun programme d'enseignement. Mais il y a des parcelles utiles à retenir dans les jugements qu'il consacre aux Allemands. Quand il rend visite à Germania, il n'oublie certes pas d'emporter son fouet. Qu'on en juge :

Leurs vices, — *aux Allemands*, — sont, avant comme après, l'ivrognerie et le penchant au suicide. Ce dernier est un signe de lourdeur d'esprit qui se laisse facilement pousser à abandonner les rênes. Le danger pour eux se trouve dans tout ce qui lie les forces de la raison et déchaîne les passions, comme par exemple l'usage excessif de la musique et des boissons spiritueuses. Car la passion allemande se retourne contre ce qui lui est personnellement utile, car elle est destructive d'elle-même, comme celle de l'ivrogne. L'enthousiasme lui-même a moins de valeur en Allemagne qu'ailleurs, car il est stérile.

Ceci est tiré d'*Aurore* et n'est déjà pas très aimable.

Dans *le Voyageur et son ombre*, il est dit que, *à tous égards, Gœthe se plaçait au-dessus des Allemands et maintenant encore il se trouve au-dessus d'eux. Il ne leur appartiendra jamais.* Un peu plus loin, Luther est qualifié de « cerveau obtus ». Voilà qui eût chagriné Fichte, qui faisait de Luther « l'homme allemand ». Toujours au sujet de Gœthe, il est déclaré tranquillement que *sa parole et son exemple démontrent que l'Allemand doit être plus qu'un Allemand pour être utile, ou même seulement supportable aux autres nations.* Retenons encore cette remarque : *Être un bon Allemand, c'est cesser d'être Allemand... Celui qui veut du bien aux Allemands devra veiller, pour sa part, à grandir toujours au-dessus de ce qui est allemand. C'est pourquoi l'orientation vers ce qui n'est pas allemand sera toujours la marque des hommes distingués de notre pays.*

Je passe sur une définition de la « joie maligne » du dommage causé à autrui, — *Schadenfreude,* — qui est un travers national allemand, pour arriver à ce petit bouquet : *Aucun des peuples civilisés n'a une aussi mauvaise prose que le peuple allemand, et si les Français spirituels et délicats disent : il n'y a pas de prose allemande, il ne faudrait en somme pas s'en formaliser, vu que cela est dit avec des intentions plus aimables que nous ne le méritons. Si l'on cherche une raison à cela, on finit par faire la découverte étrange que l'Allemand ne connaît que la prose improvisée et qu'il ne se doute pas qu'il en existe une autre.*

Nietzsche constate — et ceci est en effet d'une grande importance — qu' « il ne viendrait à personne l'idée de parler de classiques allemands », qu'il n'y a pas de classiques allemands. Il écrit : *Quand on lit Montaigne, La Rochefoucauld, La Bruyère, Fontenelle (particulièrement les Dialogues des morts), on est plus près de l'antiquité qu'avec n'importe quel groupe de six auteurs d'un autre peuple... Ils contiennent plus d'idées véritables que tous les ouvrages de philosophie allemande ensemble...* Je recommande à Romain Rolland sa définition de Jean-Paul Richter : *En somme, il n'était pas autre chose qu'une mauvaise herbe bariolée et d'une odeur violente, qui se mettait à pousser, d'un jour à l'autre, dans les sillons féconds et précieux de Schiller et de Gœthe. C'était un bon homme convenable et pourtant un homme fatal, la fatalité en robe de chambre.*

On pourrait composer une brochure de telles amabilités, quelques autres encore pires et plus cruelles, adressées, dédiées par Frédéric Nietzsche au peuple allemand. Sa conception la plus singulière en ce sens est sans doute celle qu'il expose en tête du *David Strauss* de ses *Considérations inactuelles*, quand il se demande si la victoire allemande de 70-71 n'équivaudra pas à *une défaite, je dirai même l'extirpation de l'esprit allemand au bénéfice de l'empire allemand.* Il y a là presque une prophétie. Après de longues et vigoureuses considérations sur ce thème, il conclut : *C'est donc se méprendre grossièrement que de parler d'une victoire de la civilisation et de la culture allemandes et cette confusion repose sur ce fait qu'en Allemagne la conception nette de la culture est perdue.*

On raconte qu'il fut profondément dégoûté d'entendre Wagner déclarer — lors de la première représentation de la *Tétralogie* à Bayreuth en 1876 — aux hégéliens et aux schopenhaueriens purs Allemands : « Mon art signale la victoire de l'idéalisme germain sur le sensualisme gaulois. » En effet, il est possible de relever et on a relevé chez Nietzsche un sens de la hiérarchie, un besoin de classer, de déclasser, de reclasser les valeurs, assez habituel aux « Gaulois » et qui fait partie intégrante de toute culture véritable. Mais le tour pédantesque qu'il donne à ce travail et le caractère de rigidité que lui confère son immense orgueil sont, par contre, profondément germaniques. Malgré tout, le besoin de détruire domine en lui celui de créer. Pour se diriger, il met le feu. Il est incendiaire par besoin de clarté.

La deuxième partie de sa déplorable existence est tout occupée par la question du retour éternel, du recommencement perpétuel des choses et des êtres. Sa folie aidant, il vit là, dans cette pensée « lourde et difficile », une explication globale du monde, une régénération stoïque, un nouveau rachat de l'humanité, une hygiène, une religion..., quoi encore? La psychologie a étudié ce phénomène mental baptisé « paramnésie » où la circonstance, se dédoublant devant l'esprit, semble avoir déjà été vécue. Dans certaines affections cérébrales, la fréquence de cette illusion augmente. De là, sans doute, est née chez Nietzsche la conception du fameux « grand midi », qui marque l'apogée du recommencement, et du grand minuit, qui marque le point de départ d'un nouveau tour de la roue universelle :

> Oh! homme, attention!
> Que dit le minuit profond!
> Je dormais, je dormais,
> Du rêve profond, je suis éveillé...

Il y a quinze ans, cette tirade lyrique des douze coups de minuit faisait fureur et l'on croyait y discerner d'étranges beautés. C'était le bouquet du feu d'artifice de Zarathoustra, prophète des temps nouveaux. Aujourd'hui les baguettes retombent et bientôt le fatras de Nietzsche ne sera plus qu'un souvenir dans l'imagination de ceux d'avant la grande guerre, d'avant le « vaste mur criblé de balles », comme disait Alphonse Daudet.

Cette rapide revue des récents engouements progermaniques et de leurs dangers nous prouve, entre autres choses, la haute nécessité de la critique philosophique et littéraire *défensive* quant aux apports étrangers. Non seulement cette critique s'est peu exercée, — si l'on excepte quelques études de Jules Lemaître, de 1886 à 1900 environ, — comme rectificatrice des entraînements métaphysiques et musicaux par **nous** analysés ; mais encore nous avons failli nous laisser imposer l'autorité, à tendance nettement allemande, du juif danois Georges Brandès, apologiste de Nietzsche et détracteur sournois des productions françaises et du tempérament français. J'ai vu ce personnage à Paris, chez mon père. Il ne nous a pas fallu de longues séances pour reconnaître en lui l'ennemi, d'autant plus perfide et dangereux qu'il savait mêler habilement la flatterie à la cuistrerie. Sans exagérer son influence, il ne convient pas de la négliger et de lui dénier sa part dans les tentatives de démantèlement intellectuel dirigées contre nous, comme une préparation à la guerre par les armes.

LA LIAISON ALLEMANDE, MILITAIRE,
HISTORIQUE, SOCIALE, MUSICALE, SCIENTIFIQUE
ET CRITIQUE DEPUIS 1870

Le récent manifeste des intellectuels allemands prônait leur militarisme comme la couverture nécessaire de leurs travaux scientifiques, artistiques et littéraires, comme une œuvre d'art protégeant leurs progrès et leur culture. Il y a là une vue juste : la pensée moderne nationale, dans notre Europe militarisée, grandit et prospère, sous toutes ses formes, à l'abri des baïonnettes et des canons. Diminuez ces défenses, et cette pensée est aussitôt menacée, en même temps que le langage qui la soutient. Il n'y a pas un Allemand qui n'ait la conception très nette de cette dure réalité et il faut espérer qu'il n'y aura plus demain un seul Français pour prétendre le contraire. Qu'on souhaite pour l'Europe un meilleur état de choses, — précisément par la disparition du militarisme allemand, — c'est une autre affaire ; mais même quand le terrible joug infligé au vieux monde depuis soixante ans aura disparu, il restera cette règle générale que des biens précieux excitent la convoitise et doivent être d'autant plus sévèrement protégés qu'ils sont plus précieux. Cette vérité élémentaire est de celles que l'état de paix apparente fait oublier le plus facilement. Pourquoi cela? Parce que la protection, la vigilance exigent un effort et que le retour à la négligence paresseuse est une forte tentation. Voyez comme, quinze années après la déroute de 70, la France politique donnait déjà des signes de manque de mémoire et de négligence, qui s'aggravèrent d'une façon terrible de 1885 à 1897, puis aboutirent à l'affreuse période de 1897 à 1905, où éclata l'alerte de Tanger. Ni veilleur, ni guetteur, ni pilote, ainsi peut se résumer notre histoire politique pendant cette longue durée. Le laisser aller était tel qu'il dépassa l'alerte de Tanger et subsista même après Agadir (1911), même de 1911 à 1913, où nous furent prodigués de si redoutables avertissements, dont le Livre jaune, récemment publié, porte la trace ineffaçable.

Dans le monde universitaire, scientifique, lettré français, ce laisser aller ne fut pas moindre. En 1900, par exemple, on pouvait compter les professeurs en Sorbonne, les hommes de laboratoire, les professeurs à l'École de Médecine, les écrivains en renom qui pratiquaient, vis-à-vis de l'Allemagne, le système de la surveillance défensive. Une grande crise récente avait permis d'en opérer le dénombrement. Il est intéressant de feuilleter aujourd'hui l'*Enquête sur l'influence allemande* que publia, en 1903, M. Jacques Morland. Elle offre un miroir assez exact des erreurs fantaisistes et des illusions dont se berçaient un

grand nombre de nos concitoyens, choisis parmi
les plus instruits ou se croyant le mieux renseignés. La réponse du célèbre physiologiste René
Quinton, dans sa magistrale précision, donna un
son de cloche qu'on n'avait pas beaucoup l'habitude d'entendre à ce moment-là. J'en citerai le
principal morceau qui est, sur le terrain scientifique, un bon exemple de ce que j'entends par
les termes de « défense intellectuelle nationale » :

Les principales sciences biologiques sont : la chimie,
l'anatomie comparée, la paléontologie, la zoologie, l'embryogénie, l'histologie, la physiologie, la microbiologie.
Or un homme fonde la chimie : Lavoisier ; un homme
fonde l'anatomie comparée et la paléontologie : Cuvier ;
un homme fonde la zoologie philosophique : Monet de
Lamarck ; un homme fonde l'embryogénie : Geoffroy
Saint-Hilaire ; un homme fonde l'histologie : Bichat ; un
homme fonde la physiologie ; Claude Bernard ; un homme
fonde la microbiologie : Pasteur. A Lavoisier, nous devons
toutes les connaissances que nous possédons sur la con-
stitution fondamentale du monde ; à Cuvier, les méthodes
et les lois qui ont permis la classification des êtres aujour-
d'hui vivants et la reconstitution de ceux qui peuplaient
le globe aux époques disparues ; à Lamarck, la grande
pensée de l'évolution ; à Geoffroy Saint-Hilaire, la notion
du parallélisme entre les transformation embryonnaires
et les transformations antérieures des espèces ; à Bichat,
la révélation des tissus organiques ; à Claude Bernard,
l'introduction du déterminisme dans les phénomènes phy-
siologiques ; à Pasteur, la conception de la maladié, en
même temps que la découverte, par la seule induction, de
tout un univers invisible ; ainsi les connaissances fonda-

mentales sur lesquelles repose notre conception même du
monde vivant ont une origine qui est française.

Mais, vers le même temps, le haut enseignement, dans presque tous les domaines, adoptait
les méthodes allemandes. Le socialisme français,
tournant le dos à Proudhon, se donnait entièrement à Karl Marx. Quant à la littérature, elle
déchaînait, il faut bien le dire, le fléau de l'antimilitarisme et de son congénère l'antipatriotisme.
Le moment n'est pas venu de citer les noms et
les textes ; mais ils sont dans toutes les mémoires.
Nous savons parfaitement comment la France a
failli être empoisonnée et comment elle ne s'est
guérie que par l'effet de la menace allemande.
Cela désormais appartient à l'histoire, une histoire qu'il ne sera plus permis, pour un long
stade du moins, de fausser ni d'obscurcir.

Or, en Allemagne, au contraire, quelles que
fussent les différences et divergences entre les
historiens, les savants, les économistes et les critiques, — je ne parle pas des lettres, quasi mortes
chez nos voisins après 1870, — toutes les branches de la connaissance et de l'enseignement coo-
péraient à l'extension de l'Empire et à l'affermis-
sement de la maxime homicide : l'Allemagne
au-dessus de tout, *Deutschland über alles*.

C'était là le double résultat d'une tendance
naturelle et d'un plan concerté.

Tendance naturelle : car, depuis les victoires

de 70, tout ce qui est spécifiquement allemand, dans toutes les catégories de l'activité intellectuelle, a subi l'attraction orgueilleuse et dominatrice de cette grande secousse. Ceux mêmes qui, comme Karl Marx, luttaient en apparence contre l'impérialisme et affichaient à l'occasion, par position de doctrine et de parti, quelques sympathies apitoyées et platoniques pour la démocratie française, ceux-là aussi étaient, par la force des choses, entraînés dans le tourbillon et travaillaient à la germanisation. Comment, d'ailleurs, l'auteur du lourd, pesant, indigeste *Capital* ne serait-il pas, jusque dans ses révoltes, un propagateur de semences allemandes et comme tel, au dehors, un propagandiste de la conquête? Comment ceux qui le subissaient chez nous auraient-ils échappé à l'ambiance juive allemande de ses funestes écrits, où des réminiscences de Spinoza voisinent avec des reliefs de Hegel? Mettez le nez dans les démonstrations de Marx et vous serez suffoqués par leur fort parfum teutonique et vous vous représenterez ce que deviennent, avec le temps, les disciples français d'une pareille méthode, désarmés par leur vénération même. C'est une des ironies du socialisme international que ses maîtres allemands, Marx et Lassalle, continuent à nationaliser dans leur sens, — fût-ce à leur corps défendant, — à combattre ainsi ethniquement et psychologiquement leurs propres doctrines. Pacifistes par leurs affirmations, ils demeurent guerriers par leur substance et leur influence contredit leurs thèses. Lassalle, vers la fin de sa vie, n'était pas si loin de Bismarck.

Je citerai, à cette occasion, quelques passages très significatifs d'un discours du célèbre orateur allemand Vollmar, une des lumières de la *Social Demokratie*, sur « les devoirs prochains » de la dite *Social Demokratie*, discours prononcé dès 1891. Il fit, dans les milieux révolutionnaires, beaucoup de bruit et donna lieu à d'ardentes controverses. On le trouvera au complet dans l'ouvrage de M. Edgard Milhaud, la *Démocratie socialiste allemande*, dont je cite les dernières lignes :

Que l'on songe aux extraordinaires efforts faits par le prolétariat allemand pour conquérir, réduit à ses seules ressources, sa part de vérité et de beauté. La cause de la civilisation, sous toutes ses formes, sous tous ses aspects, est la *sienne*.

Il ne s'agit pas, on le voit, d'un adversaire de l'internationale ouvrière.

L'attitude, nettement impérialiste et nationale, du parti socialiste allemand dès le début de la guerre de 1914 était donc annoncée solennellement par Vollmar, depuis vingt-trois ans, dans les termes suivants :

Si un parti ouvrier a, en tout temps, rempli et est résolu à remplir, en tout temps, les devoirs de fraternité internationale, c'est bien le parti allemand. Mais cela ne veut pas dire qu'il n'y ait aussi pour nous des tâches et des de-voirs nationaux. Car, quelque cosmopolite que puisse être la pensée d'un homme, il doit reconnaître, s'il n'est pas un rêveur, que les conditions économiques n'agissent pas d'une manière absolue et mécanique, mais que les diffé-rences des peuples et des communautés ont des racines profondes. Nous aurons à attendre longtemps encore les « États-Unis d'Europe ».

Suivaient quelques injures au tsarisme russe et aux dirigeants français, « multipliant les plus basses flagorneries devant la puissance la plus arriérée, la plus despotique de l'univers », pour aboutir à la conclusion suivante, qui a au moins le mérite de la franchise :

Si jamais quelque part on devait espérer que, dans le cas d'une attaque dirigée contre l'Allemagne, l'agresseur pour-rait compter sur la démocratie socialiste allemande, cette espérance serait profondément déçue. Sitôt que notre pays est attaqué du dehors, il n'y a plus qu'un seul parti, et nous, démocrates socialistes, nous ne serons pas les der-niers à faire notre devoir. Et nous le ferons d'autant plus volontiers si l'ennemi de toute la civilisation, si la barbarie russe se trouve en question.

Il est impossible, on l'avouera, d'être plus ferme et plus catégorique.

Sous des formes très diverses, Auer, député au Reichstag, Bebel et combien d'autres orateurs de la *Social Demokratie* ont reproduit à satiété des déclarations semblables. Il m'est donc im-possible de saisir, sur ce terrain patriotique et militaire, la moindre différence de fait et d'attitude entre les prétendus révolutionnaires allemands et les plus notoires tenants de l'impérialisme germanique. Entre la conception belliqueuse de l'historien Treitschke, auteur de l'*Histoire de l'Allemagne au dix-neuvième siècle*, théoricien de la *Weltpolitik*, et celle du social-démocrate Vollmar, surtout entre les résultats pratiques auxquels ces conceptions doivent aboutir, je ne distingue, je l'avoue, que des nuances de vocabulaire. Car les récents événements ont prouvé suffisamment que les distinctions, que l'on feignait de croire fort visibles et tranchées, entre la qualité d'agresseur et celle d'attaqué peuvent être recouvertes de la plus épaisse couche de mensonges et dissimulées aux regards de toute une nation. Or là était le seul fossé entre un Treitschke et un Vollmar ou un Bebel; il est aisément comblé.

Plan concerté : car, par-dessus les dissidences inévitables dans un vaste et laborieux pays, on peut suivre la liaison des volontés allemandes dans le sens de la conquête à main armée, comme on suit la courbe d'une fièvre. Cependant que les historiens et les ethnographes, s'appuyant sur les fantaisies de Gobineau, réclamaient, pour la race allemande, le premier rang dans la civilisation et le droit de s'imposer à l'univers, les savants allemands dirigeaient leurs théories ou leurs découvertes dans un sens favorable à cette suprématie.

Elle était un dogme aux yeux d'un Koch ou d'un
Ehrlich, lançant leurs inventions incomplètes
comme des industriels lancent un produit, devenus en quelque sorte thérapeutes d'État. Elle
était un dogme aux yeux d'un Wagner, remet-
tant la légende des origines germaniques au creuset
de la musique conquérante. Elle était un dogme
aux yeux d'un Treitschke; un dogme aux yeux
d'un Hæckel, acharné à faire de son monisme de
primaire un instrument de domination tudesque;
un dogme aux yeux des innombrables critiques,
depuis un Bode jusqu'à un Nordau, uniformes
dans leurs procédés et comme militarisés dans
leurs sentences, qui allaient cherchant, dans toutes
les directions, l'origine allemande, le cachet allemand, la visée allemande, prônant, exaltant ce
qui leur semblait conforme, dénigrant, rabaissant
ou niant ce qui leur semblait contraire. Elle était
un dogme, cette suprématie, aux yeux de tous les
techniciens, grands industriels, constructeurs,
manufacturiers qui appliquaient vivement, avec
ingéniosité, les recherches des théoriciens. Elle
était un dogme pour les économistes, les sociolo-
gues et pour les social-démokrates, préoccupés de
l'expansion allemande, de sa réaction sur le bien-
être et la condition politique de l'ouvrier allemand,
avant de l'être de la paix et de la fraternité internationale. Chacun de ces hommes avait, dans un
çoin de son esprit, le plan du remaniement euro-

péen que lui semblait exiger la prééminence de sa nation et était prêt à sacrifier à ce plan sa probité professionnelle, son renom européen antérieur et toutes les sympathies superficielles acquises à l'occasion des congrès et séances académiques. « Allemand d'abord, homme ensuite », telle était la devise de cette armée d'intellectuels, marchant du même pas que l'armée tout court et vers le même but, exactement décidée aux mêmes exactions, aux mêmes cruautés en vue de l'empire.

Celui qui n'a pas compris ou pas voulu comprendre ce mouvement d'ensemble, cette perversion systématique de la nation allemande prise en bloc, tourne le dos à la réalité. Tant que l'Allemand ne sera pas guéri de l'allemanité définie par Fichte, il n'y aura point de repos pour l'Europe. Tant que la France ne prendra pas les mesures politiques et intellectuelles de sauvegarde que commandera la situation, même et surtout au lendemain de la guerre, il n'y aura pas de sécurité pour la France. Ce n'est pas en quelques mois, ce n'est pas spontanément qu'un peuple comme le peuple allemand se guérit d'une longue erreur, descendue des cimes de la métaphysique vers les besoins les plus immédiats, les plus matériels. Il y faudra, de la part des alliés vainqueurs, un long effort et une extrême vigilance ; il y faudra aussi des organismes permanents, chargés de surveiller et de réprimer, même après le démembrement nécessaire, les morceaux tendant à se rejoindre et les futures tentatives d'empiétement.

LA DÉFENSE NATIONALE INTELLECTUELLE

Ceci n'est qu'un rapide exposé ou, si l'on préfère, une ébauche des mesures nécessitées par
notre délivrance du joug allemand. Un État vraiment national en confiera la tâche à ses éducateurs. A quoi servirait-il d'avoir ruiné le prestige
de l'armée allemande, si nous conservions le culte
et l'usage d'une philosophie qui a présidé à la
formation de cette armée, et d'une méthode qui
l'a déchaînée, si nous conservions le culte et
l'usage des tours d'esprit d'où est sortie la politique de l'empire allemand?

Il faudra donc, bon gré mal gré, se résoudre —
et ce ne sera pas une tâche commode — à dékantiser l'enseignement supérieur français. La difficulté de cette tâche tient à ce que le kantisme a
poussé chez nous des racines lointaines et profondes et jusque dans l'école primaire. Mais ce
n'est pas à ses extrémités, c'est à son centre qu'il
conviendra de le combattre, ou plus exactement
de le remplacer. Le retour à la philosophie classique de Platon, d'Aristote et de saint Thomas, à
la partie saine, non mécaniste, du cartésianisme,
je veux dire au *Discours de la Méthode*, s'impose.
Sans compter les ressources admirables qu'offrent,

au point de vue philosophique, des génies aussi
divers que Pascal, que Bossuet, plus près de
nous, que Ravaisson — dans son fameux *Rapport*,
— que Claude Bernard. Bien qu'Allemand
l'illustre auteur de la *Monadologie*, Leibniz, est
en dehors et au-dessus de l'allemanité. Il reste
un formateur, non un déformateur de l'entendement. La jeunesse française l'étudiera toujours
avec profit. Il ne s'agit nullement d'ailleurs de
rayer Kant, Fichte, Schelling et Hegel de l'histoire de la philosophie, ce qui serait absurde.
Mais la présentation critique, *et non plus privilégiée*, de leurs systèmes, de leurs erreurs, à leur
rang et dans leur catégorie allemande, suffira
pour les découronner. Ils ne devront plus être
offerts aux jeunes imaginations françaises comme
des modèles, des sages irréfutables et des maîtres
de maîtres. Cette mesure raisonnable et légitime,
appliquée partout de bonne foi, arrêtera net la
germanisation de l'esprit français. Remis dans
ses normes traditionnelles, délivré du cauchemar
du criticisme transcendantal, de l'absolu par le
devenir, de l'identité des contradictoires et de
quelques autres formules proprement germaniques, cet esprit retrouvera ses dons naturels de
classification, d'ordre, de hiérarchie, auxquels est
liée la force du pays. Rappelons-nous que l'immense échafaudage de la métaphysique de Hegel
aboutit, en somme, à diviniser cyniquement

l'État prussien ! C'était là ce fameux *devenir* qui a tourné, même chez nous, la tête à tant de gens et fait tomber, entre autres, Ernest Renan dans le renanisme.

La logique, trop dédaignée depuis quarante ans, la psychologie dégagée d'un bagage de laboratoire — originairement allemand — qui l'alourdit et la ridiculise, aideront à dissiper les obscures émanations de la philosophie de l'Inconscient. Le champ est vaste des remplacements heureux qui pourront et devront s'opérer dans ce domaine si important de la connaissance, bénévolement abandonné par nous, depuis 1870, à la glorification de nos implacables ennemis.

Bien loin de montrer à ses élèves une Allemagne des penseurs distincte, dès la fin du dix-huitième siècle, de l'Allemagne politique et militaire, le maître français insistera, textes en mains, sur ce fait indéniable que l'Allemagne des penseurs a, sur toute la ligne, depuis Fichte et Hegel jusqu'à Karl Marx, — voir sa correspondance avec Engels, — cherché, préconisé, encouragé l'unité politique allemande, d'où est sorti le militarisme conquérant. Quelles que soient les explications et les excuses que les derniers disciples français de Hegel ou de Marx chercheront à cette attitude, elle commande la nôtre du point de vue national. Nous devons rejeter le poison, même s'il nous est tendu dans des coupes sur lesquelles sont inscrits de grands mots vagues. Derrière ces grands mots vagues, il nous faut distinguer maintenant les « trognes armées » dont parlait Pascal. Sans doute, il est pénible d'avoir à abandonner des idées ou des préjugés sur lesquels on vivait depuis de longues années, et qui avaient fini par contracter alliance avec des sentiments ancrés, avec des illusions tenaces. Mais n'est-ce pas le bénéfice moral de la guerre que de faire, sur son tableau sanglant, la preuve directe et irréfutable de ce qui était utile et de ce qui était nuisible, de ce qui servait et de ce qui desservait le pays, soit en diminuant sa résistance, soit en augmentant celle de l'adversaire. Je crois avoir montré qu'intellectuellement nous n'avions tiré de nos désastres de 1870 aucune leçon, aucun profit. Il ne faut pas qu'il en soit de même, cette fois, pour nos succès. Cette forme éducative de la Revanche ne sera certes pas la moins importante. C'est celle à laquelle l'Allemagne s'attend le moins, celle peut-être qui lui portera, après celui de la guerre, le préjudice le plus durable.

Débarrassés des brumes allemandes, de l'empire de Kant et de ses successeurs, les jeunes Français devront revenir aux humanités, à cette formation latine notamment, que rien ne remplace et qui, en vertu de longues affinités, demeure une des sources de notre énergie nationale, l'aliment ethnoplastique sans rival. La Providence a voulu qu'un puissant souffle patriotique ait balayé, à l'appel du danger, les moroses ferments déposés dans les âmes par une éducation à contresens, où la lettre étouffait l'esprit. La tradition héroïque française s'est reconstituée en quelques heures, comme si elle n'avait pas été pourchassée ou amoindrie, depuis trop d'années, dans les textes augustes par lesquels elle est fixée et encouragée. Car il faut bien nous répéter que l'héroïsme n'est pas seulement une impulsion sensible et nerveuse — auquel cas il est passager et superficiel — mais la plus haute fleur de la raison. Or cette raison a sa racine chez les Anciens, qui sont nos guides. Une forte méthode transmise et continuée, une mise en place d'arguments justes, des exemples formulés dans l'airain d'une langue qui a le signe de l'éternel et qui donna naissance à la nôtre, voilà les points d'appui solides du sacrifice de l'individu à la chose publique; voilà ce qui, avec de bons chefs et des armements complets, procure la victoire. Relisez, dans le *Pape*, la page célèbre de Joseph de Maistre sur le latin. La clarté, la solidité du jugement meuvent avant tout le courage des hommes. La peur, la faiblesse, sont filles de l'erreur et de la confusion mentale.

C'est dire qu'il faudra traquer les méthodes allemandes, si contraires à notre génie national, qui s'étaient glissées, puis tyranniquement installées dans nos Facultés. Ces méthodes ont pu donner quelques résultats outre-Rhin. Ici elles ne sauraient aboutir qu'au désarroi et à l'abaissement. L'abus des fiches, de la notation pour la notation, de la glose, même insignifiante, l'abus du point de vue « origine » et la manie du développement sont, pour nous Français, des adversaires aussi certains que les soldats de la garde prussienne. Avec quel bonheur nos étudiants renonceront à des pratiques absurdes, qui opprimaient leurs tendances naturelles ! Avec quelle joie ils s'arracheront à la barbarie scientifique, à la barbarie par intrusion, dans les lettres et dans l'histoire, d'une fausse statistique et d'une mathématique arbitraire ! Avec quelle émotion ils retrouveront ces deux compatriotes en exil : le choix et le goût !

Dans le domaine des sciences historiques, l'éducateur ne saurait trop avoir recours au maître incomparable qu'est Fustel de Coulanges. Non seulement l'auteur de l'*Histoire des Institutions politiques de l'Ancienne France* et de *la Cité antique* est un modèle de clarté, de pénétration et de logique françaises, non seulement il joint au scrupule acharné de la documentation exacte — on connaît son fameux « Avez-vous un texte? » — la juste perspective des points de vue ; mais il est encore, suivant le mot fameux de Maurras, un de nos très rares historiens « qui ne soient pas de guerre civile », qui aient fait comprendre et sentir l'unité française. L'erreur qui divise, la plus grave de toutes, l'erreur historique, est, par lui, impitoyablement pourchassée. On sait comment il fit litière de l'absurde théorie dite des deux races, « la conquérante et la conquise », dont ont tellement abusé les historiens révolutionnaires, Michelet et Quinet en tête, et qu'ont utilisée contre nous les Allemands. Les auteurs de cette thèse et de ses congénères seraient sans doute épouvantés, s'ils pouvaient suivre à la piste les conséquences désastreuses d'un de ces paradoxes qui séduisent, parce qu'ils appuient une chimère politique, mais qui démantèlent littéralement la cité. Il n'est pas d'étude plus importante que celle de l'histoire ni qui retentisse plus directement sur l'Etat et sur les destinées d'un peuple. Faussée, elle précipite vers l'abîme. Redressée, elle refait des hommes, des conducteurs, des chefs. Fustel de Coulanges est un de ces grands redresseurs.

Ce que va perdre Wagner en tant que dramaturge, devra être restitué à Pierre Corneille, dramaturge de la cité et des sacrifices qu'elle commande, le plus grand stimulant d'héroïsme et de patriotisme qui soit. Wagner propage à la fois l'allemanité et l'individualisme. Nous avons vu comment ces deux points de vue sont conciliables. Corneille transmet intact au génie français l'héritage latin du devoir vis-à-vis de la communauté. Ses vers gravent des annales impérissables, dans une langue si fermement nationale qu'elle en est par bonheur intraduisible. Ainsi son bénéfice se trouve-t-il limité à ses compatriotes. Mais, tout au moins depuis 1870, il ne semble pas que ceux-ci s'en soient beaucoup douté. Bien que mises au répertoire, les tragédies de Corneille deviennent en quelque sorte un trésor inconnu. Il importe de les faire circuler et de les monnayer. Elles vont réveiller, dans tous les courages, les fibres secrètes de l'héroïsme qui s'ignore, elles enseignent à n'avoir aucune fausse honte du dévouement éclatant à la chose publique. Littéralement elles réveillent les morts dans les vifs et rendent sa fraîcheur au vieux laurier. Elles prouvent, de la façon la plus grandiose, que l'individu ne compte que dans la mesure où il sert sa nationalité et qu'il est d'autant plus lui-même qu'il la sert avec une abnégation absolue. Ces éternels conflits, ces âpres problèmes sont traités et résolus par lui dans le sens de l'exaltation nationale, qui est le vrai. Ses toiles, qui se lèvent généralement sur une crise du cœur, retombent sur le triomphe de l'État et de la raison. Broyés ou consolés, révoltés ou stoïques, ses héros, ses héroïnes savent pourquoi ils souffrent, le motif supérieur de leur écrasement. Une tragédie de Pierre Corneille, c'est une transfusion, faite à la foule, du sang français le plus généreux. Il faudrait la jouer après la bataille, sur les champs semés de petites croix de bois.

Mais l'Opéra, bannissant Wagner, ouvrira ses portes toutes grandes à Rameau, et les spectateurs n'y perdront rien.

Nous priverons-nous des *Mémoires* de Gœthe, des *Conversations avec Eckermann*, des lettres à Schiller et à Zelter, du *Comte d'Egmont*, pour lequel Beethoven recouvra, de façon déchirante, ses origines flamandes, des *Affinités électives* et des deux *Faust*? Assurément non. Si l'on envisage la question d'espèce, Gœthe est à part, nullement délicieux à cause de ses lourdeurs, mais d'une mesure et d'un bon sens qui tiennent à sa longue fréquentation de nos écrivains. Son virus allemand se trouve ainsi plus qu'atténué, et en Allemagne même, on l'honore grandement sans s'inspirer de lui. Après une défaite des Allemands, qui ne l'aurait nullement ému, une débâcle de l'empire allemand, qui ne l'eût pas troublé davantage, il constitue une aimable et utile lecture : « Voilà comme ils pourront redevenir, dans leurs échantillons supérieurs, une fois débarrassés de l'allemanité. »

C'est ainsi qu'aux divers carrefours de la connaissance et de l'art, nous devrons remplacer la statue de l'Allemand par celle du Français correspondant, ne maintenant celle de l'Allemand que si elle est : 1° indispensable; 2° inoffensive. Je demande qu'on brise les idoles allemandes funestes d'Emmanuel Kant, d'Hegel, de Nietzsche, de Karl Marx et de Richard Wagner, mais je n'empêche nullement leurs admirateurs et fétichistes d'en conserver les meilleurs fragments dans leurs vitrines. Il suffit que leurs idées ne soient plus ensemencées méthodiquement dans les imaginations ardentes des jeunes Français.

Moins un Allemand généralise, plus il est spécialisé, et moins il est nocif. C'est dire que la guerre de 1914, qui va sans doute porter un coup rude et mérité aux méthodes militaires allemandes, ne diminuera pas la valeur ni la compétence de leurs techniciens. Mais si j'envisage, par exemple, les sciences médicales, qui en commandent, en les humanisant, beaucoup d'autres, je pense que nos Facultés auraient tout à gagner en relevant l'histoire de la médecine française. On n'étudie plus, dans les textes originaux, de vastes esprits comme Laënnec, Duchenne de Boulogne, Morel de Rouen, Bichat, Claude Bernard, pour n'en citer que quelques-uns. On se contente des livres de seconde main où se trouvent, en résumé, en abrégé, les résultats qu'ils nous ont transmis. C'est une faute. Leurs efforts, leurs tâtonnements, les principes qui les ont guidés, les rectifications qu'ils ont opérées sur eux-mêmes, tout cela nationaliserait nos savants en les rattachant, sans pédanterie, à leurs prédécesseurs, leur inculquerait, d'après leurs grands modèles, les méthodes françaises. Nombreux sont ceux qui ont, chez nous, des facultés originales, mais qui les développent à l'allemande, faute d'une formation comme celle que je préconise. De telles chaires n'existent pas ou existent seulement pour la forme. Il s'agit de les rendre vivantes et efficaces. Le laboratoire est une chose excellente ; mais la discipline de l'esprit, qui ouvre les voies de la découverte, est au-dessus du laboratoire. L'exemple d'un Pasteur, si profondément imbu des méthodes françaises, est là pour le prouver. Que de déviations seraient épargnées à nos étudiants et à pas mal de nos professeurs de médecine, si on les mettait en présence des textes, toujours vivants, d'où sont sortis tous nos progrès, s'ils entendaient encore, à travers les âges, la voix des maîtres immortels !

Un champ immense, qu'encombrait la culture allemande, s'ouvre ainsi à notre activité intellectuelle, artistique et scientifique. N'avons-nous pas failli être influencés par les horreurs de l'épouvantable art munichois, invraisemblable amalgame de tous les pastiches de l'antique, dans cet éclairage brutal, dans ces teintes plates et crues, dans cette symbolique à angle dur qui paraissent

nécessaires à l'ébranlement de systèmes nerveux
alourdis. Petit à petit, l'orgueil germanique avait
mis ce hideux en formules baroques et le pro-
posait sérieusement à l'admiration du monde
entier. Cette architecture, cette peinture, cette
gravure, ce mobilier, ces affublements avaient,
en se rejoignant, envahi la scène parisienne.
Après l'hellénisme allemand, nous eûmes l'orien-
talisme allemand, ce modernisme criard 'de
l'esthétique, dont les malheureux étaient si fiers,
qui s'étendait de l'œil à l'oreille, de *Sumurum* à
la *Salomé* de Strauss. On distinguait néanmoins,
dans ces monstres bariolés, les aspirations de
l'impérialisme allemand, ses pointes vers Bagdad
et ailleurs. L'estampille qu'il mettait sur ses
turqueries théâtrales conservait une signification
politique. Ce faux art n'était pas conquérant,
certes non, mais il gardait l'aspiration à la conquête, mais il obéissait lui aussi à la formule
unique de l'état-major prussien : surprendre et
bousculer.

Nous ne pouvons pas encore nous douter
du sentiment de délivrance, d'épanouissement,
d'élargissement, qui suivra la rupture, par nos
armes, du joug allemand. Beaucoup de nos
concitoyens subissaient, sans se plaindre et sans
en distinguer les accointances, ce qu'ils considéraient comme une nécessité, ce qui n'était que la
suite lointaine de nos défaites de 1870. Il y a là

une grande leçon et je la résumerai ainsi : la politique prépare les armes, afin que celles-ci préservent la nation à moins de frais et maintiennent l'intégrité du territoire.

Ayant abordé déjà la question, je n'insiste pas sur les restrictions qui s'imposent aux Français quant à l'usage abusif de la langue allemande. Il est à peine besoin d'indiquer que les victorieux imposent leur langage et que les vaincus subissent celui de leur adversaire. La propagande de la langue française va reprendre, à la suite des événements de 1914. Elle retrouvera, sans trop de peine, les solides et vieilles courroies de transmission de notre histoire. De la diplomatie, devenue son dernier refuge, elle rayonnera de nouveau sur les arts, les sciences, les rapports commerciaux, elle nous restituera quelques-uns de nos privilèges séculaires. Grâce au renouvellement général de toutes choses qui ne peut manquer de se produire, cette période à la fois morne et tragique de l'entre-deux-guerres, qui va de 1870 à 1914, avec ses fautes, ses oublis, ses folies, ne sera bientôt plus qu'un mauvais souvenir. Elle appartiendra aux historiens, aux économistes, aux moralistes comme un exemple de ce qui doit être évité, comme un répertoire des maux politiques et sociaux qui ont failli nous coûter la vie nationale.

Réveil du prestige français, abaissement du

prestige allemand, voilà le programme des années qui vont s'ouvrir. Je mets en garde mes compatriotes contre un laisser-aller impardonnable qui permettrait à nos mauvais voisins de maintenir quelques-uns de leurs postes avancés dans notre enseignement supérieur, philosophique et scientifique.

Bismarck, au lendemain du traité de Francfort, se préoccupait de nous infliger un Sedan économique qui compléterait la défaite militaire. Préoccupons-nous d'assurer la victoire intellectuelle qui suivra la conclusion de la paix. La grandeur du péril auquel nous avons miraculeusement échappé doit mesurer notre effort à nous affranchir définitivement, c'est-à-dire, encore une fois, *par en haut*.

Je dois maintenant exposer comment l'Allemagne avait fait servir à ses desseins de guerre son expansion industrielle et commerciale, méthodiquement conduite chez nous, sur une vaste échelle, depuis une vingtaine d'années.

Dans une campagne de près de trois ans, — du 21 septembre 1911 au 1er août 1914, — j'avais poursuivi, dans *l'Action Française*, la tâche ardue de dénoncer cet immense réseau de l' « Avant-Guerre ». Au mois de mars 1913, mon ami Georges Valois a bien voulu publier, à ses risques et périls, à la *Nouvelle Librairie Nationale*, le volume qui porte ce titre. Beaucoup de gens crurent que j'exagérais l'étendue du mal et l'imminence de la menace. L'événement a prouvé que j'étais demeuré, au contraire, fort au-dessous de la réalité. Il est possible, dès à présent, de dresser le tableau des criminels projets allemands. et celui, comparatif, d'une réalisation qui ne fut, heureusement pour nous, que partielle. Le remède radical, politique et uniquement politique, contre le renouvellement, dans l'avenir, de semblables tentatives, sortira tout naturellement de cet exposé.

DEUXIÈME PARTIE

DU COMMERCE ET DE L'INDUSTRIE ALLEMANDS
EN FRANCE, A LA GUERRE

Il est aujourd'hui de notoriété publique que
l'Allemagne avait soigneusement préparé la guerre
qu'elle comptait faire à la France, non seulement
dans ses états-majors, dans ses casernes et dans
ses arsenaux, mais encore chez nous, sur notre
propre sol. C'est cette préparation qui a permis
à ses armées d'abord, après la bataille de Char-
leroi, de gagner rapidement, par les vallées de
l'Aisne et de l'Oise, la région de Paris, ainsi que
l'avaient maintes fois annoncé ses écrivains militaires ; ensuite, après leur défaite de la Marne,
de s'incruster, dans les mêmes pays, autour de
quelques points choisis comme pivots et solidement installés et défendus à l'avance ; enfin,
« d'administrer » selon la formule germanique,
c'est-à-dire par la confiscation pure et simple,
nos grandes cités industrielles du Nord. Depuis

une quinzaine d'années, le grand état-major
allemand préparait chez nous ses gîtes d'étapes
et ses forteresses de fortune, à l'aide d'un système d'espionnage sédentaire, ou à poste fixe,
qui demeure une des grandes nouveautés de la
guerre de 1914, au même titre que la multipli-
cation des mitrailleuses, l'emploi de l'artillerie
lourde et le système des tranchées. C'est exactement ce que j'avais annoncé dans mon volume
l'Avant-Guerre. Quelques mois plus tard, M. Louis
Bruneau donnait à la *Grande Revue*, puis à
la librairie Plon, un ouvrage remarquable-
ment documenté et de pure constatation économique, intitulé *l'Allemagne en France*. C'est
à ces deux livres que je renvoie le lecteur désireux de connaître complètement l'exposé de la
question, avant les éclatantes confirmations de la
guerre de 1914, confirmations dont nous ne
connaissons encore qu'une faible partie. Avant
nous, à ma connaissance, n'avait guère paru,
traitant le même sujet, qu'une étude singulièrement prévoyante de M. le sénateur Gaudin de
Villaine, dans *le Correspondant*, étude concernant les visées de la marine allemande sur le
Cotentin et Cherbourg.

Je suis profondément convaincu que le sabotage de notre mobilisation entrait également dans
les plans de notre prévoyant ennemi. La vigilance de notre état-major, averti à temps, a permis

que toute une série de mesures administratives
« d'extrême urgence », — ainsi qu'en font foi
les télégrammes officiels, — empêchassent des
malheurs irréparables. De ce côté, tout le nécessaire a été fait et bien fait. Nous en fournirons,
chemin faisant, la preuve.

Jusqu'au 3 août 1914, un trop grand nombre
de personnes demeuraient sceptiques quant à
l'évidence de l'espion-envahissement allemand
grandissant chez nous. Soit que la méfiance chronique leur fût, comme à beaucoup de nos compatriotes, un poids trop lourd ; soit que l'intérêt du
commerce et de l'industrie leur masquât celui
de la Défense nationale ; soit qu'il leur parût
préférable, pour un motif quelconque, de fermer
les yeux. Depuis que la réalité de l'avant-guerre
allemande en France se fait jour de tous les côtés,
les mêmes personnes, afin d'excuser une incurie
civile sans égale et aussi la suppression de notre
service de renseignements au ministère de la
Guerre, allèguent une prétendue clause secrète
du traité de Francfort, qui nous eût obligés à
souffrir en silence ce mal de l'espionnage. C'est
là une amère dérision. Aucune clause, secrète ou
non, du traité de Francfort ne pouvait nous
infliger une servitude qui n'était pas encore, en
1871, dans les pensées du gouvernement allemand, qui ne commença guère à fonctionner
que vers 1900, c'est-à-dire trente ans plus tard !

Jusqu'à cette date, en effet, notre service des renseignements au ministère de la Guerre rendait les manœuvres d'avant-guerre, sous le couvert du commerce et de l'industrie, fort malaisées, sinon impraticables. C'est seulement lorsque cet obstacle fut levé, à la suite des campagnes que l'on sait, que l'Allemagne mit en usage, sur tous les points à la fois, le nouvel instrument de la guerre prochaine.

Par ailleurs, l'Allemagne, en 1871, était si loin de prévoir l'importance future de nos gisements de minerai de fer qu'elle renonçait bénévolement à toute prétention d'acquisition territoriale de notre bassin de Briey, en Meurthe-et-Moselle. Elle dut le regretter amèrement plus tard. La valeur du bassin de Briey était déjà pressentie, dès cette époque, par plusieurs de nos métallurgistes et prospecteurs. Elle était ignorée de nos voisins et cette ignorance nous sauva. Comment, à plus forte raison, l'Allemagne aurait-elle pu deviner, en 1870, l'importance des mines de fer de Normandie, qui ne devait être reconnue que trente ans après ?

Enfin, en 1871, la plupart des puissantes sociétés industrielles et commerciales allemandes, qui, depuis, ont essaimé chez nous, n'avaient pas ombre d'existence. La marine de guerre allemande, protectrice de sa marine marchande et de ses échanges commerciaux, n'existait pas.

Coloniale quant à nous, la politique du triomphant chancelier prince de Bismarck était anticoloniale quant au jeune empire. Cette opposition de vues avec son nouveau souverain, Guillaume II, fut une des principales causes de sa disgrâce. C'est dire que, dans la circonstance, le traité de Francfort a bon dos et que cette explication ne tient pas debout.

Le traité de Francfort étant, depuis le 3 août 1914, dénoncé par le fait de guerre jusque dans ses clauses secrètes et la publication intégrale de ce traité n'offrant, par conséquent, plus d'inconvénient, ce dernier et vain retranchement de mes contradicteurs de mauvaise foi se trouvera emporté du même coup.

La vérité, beaucoup plus simple, est qu'une fois débarrassé de notre service des renseignements, à une date qu'on peut fixer vers 1899-1900, le gouvernement allemand procéda, par étapes, à une série de pesées méthodiques sur le gouvernement français, en vue d'obtenir les points d'appui de la prochaine invasion. Si je consulte les dossiers que j'ai pu réunir sur la question — un peu plus de cinq mille pièces — je vois que les tentatives pour imposer l'introduction des valeurs d'État allemandes à la Bourse de Paris commencent là, ainsi que l'établissement à Paris de sociétés à succursales multiples destinées à essaimer sur les provinces, ainsi que les premières acquisitions de concessions minières, ainsi que beaucoup d'autres manœuvres tendant toutes au même but : l'implantation conquérante. De 1900 à 1914, l'Allemagne nous a traités comme une colonie sur laquelle on fait peser un joug de plus en plus dur. L'alerte de Tanger — 1905 — visait à affermir, par la terreur, les premières positions prises, à nous mettre désormais dans l'alternative de tout subir sans murmurer ou de recourir aux armes pour nous défendre. Dans les neuf années suivantes, l'espion-envahissement a procédé à pas de géant, avec une audace et, on peut le dire, un cynisme extrêmes.

La surpopulation allemande a sans doute été un facteur important de cet espion-envahissement ; mais un facteur dirigé et nullement spontané, comme l'ont soutenu quelques observateurs superficiels. D'abord l'émigration allemande en Amérique diminuait vers le même temps, ainsi qu'en témoignent les statistiques, dans des proportions permettant de croire à un mot d'ordre parti d'en haut. Ensuite, c'est en France que s'implantèrent, dorénavant, les chefs d'industrie les plus considérables et les plus déliés de l'entourage immédiat de l'Empereur, tels que M. Auguste Thyssen, le grand métallurgiste, ou M. Ballin, directeur de la compagnie de navigation *Hamburg Amerika,* ou M. Walther Rathenau, de l'*Allgemeine Elektricitäts Gesellschaft.* C'est à la France que consacrèrent désormais leur activité commerciale des hommes comme ce baron de Pflugk, de la société chimique et photographique allemande *Hélios*, notoire chef d'espions dont je reçus la visite au mois d'octobre 1912 et qui me déclara en souriant : « Nous autres Allemands, monsieur, sommes devenus la vermine du monde. Mais que voulez-vous faire à cela? Nous avons la force et le nombre. » En résumé, à partir de 1899-1900, nous étions devenus le principal objectif de l'occupation allemande en temps de paix et cette occupation ne tendait pas à autre chose qu'à préparer celle par les armes. Mais, jusqu'au 31 juillet 1914, quand on était amené par l'observation à constater cette vérité, on était taxé d'exagération ou considéré comme la victime d'une marotte patriotique. J'écris ceci, on peut me croire, sans nulle animosité, avec toute l'objectivité d'un mathématicien qui voit démontrée, par l'événement, l'exactitude de ses calculs. J'ajoute, à la décharge des négateurs de l'avant-guerre, qu'il fallait être au centre de la question, comme j'y suis depuis quatre ans, pour admettre la systématisation fantastique des menées allemandes dans notre pays. Afin de rendre cette systématisation plus saisissante et plus tangible, je procéderai synthétiquement, me mettant, dans les pages qui vont suivre, à la place de nos ennemis, leur empruntant leur optique spéciale et leur tour d'esprit quant à nous et quant à la guerre de conquête dont ils avaient admis, depuis quatorze ans, la nécessité.

LE PLAN ALLEMAND

Ce plan considérait la coopération de l'Italie, en vertu de la Triplice, comme assurée. En même temps que les armées allemandes, pénétrant chez nous à toute vitesse, principalement par le Nord et accessoirement par l'Est, se dirigeraient vers Paris en masses bousculantes, occuperaient la vallée de l'Oise et celle de la Marne, en même temps que la flotte allemande attaquerait Cherbourg et préparerait un débarquement dans le Cotentin, l'armée italienne, forçant Nice, envahirait la vallée du Rhône. Il s'agissait donc :

1° De jalonner le nord et l'est de la France, — principalement la vallée de l'Oise, — à l'aide de forteresses industrielles ou d'établissements agricoles, constituant à la fois des centres de ravitaillement et des points d'appui stratégiques.

2° De préparer à l'avance le siège de nos villes fortifiées du nord et de l'est, notamment les emplacements solides, indispensables à l'artillerie lourde allemande.

3° De repérer, sur notre sol, les accidents naturels, grottes, champignonnières, fondrières, tourbières, susceptibles de faire obstacle aux armées allemandes ou d'être utilisés par elle.

4° De créer des enclaves allemandes et d'autres forteresses industrielles sur le littoral normand et en Normandie.

5° De procéder de même pour la vallée du Rhône et le littoral, de Toulon à Nice.

6° De préparer, à Paris même et dans la petite et grande banlieue, un réduit allemand susceptible de coopérer à une attaque brusquée de la capitale, conçue selon les indications du général von Sauer, le célèbre théoricien de « l'arrachement », en matière de camp retranché.

Ce schéma comportait en outre un certain nombre de perfectionnements, entre autres l'évaluation des contributions de guerre applicables à chaque ville occupée. On sait qu'en 1870 les Allemands avaient eu sur ce point de graves mécomptes, tenant à l'évaluation inexacte des ressources des pays envahis. Ils prétendaient cette fois procéder à coup sûr, d'après un cadastre à eux. Les agences de renseignements commerciaux et les maisons à succursales multiples devaient leur être, là aussi, d'un grand secours.

J'insiste sur ce fait qu'un pareil plan exigeait la subordination des intérêts financiers, industriels et commerciaux aux intérêts militaires. Il commandait notamment de maintenir, coûte que coûte, des installations même dispendieuses, même ruineuses, du moment qu'elles présentaient un intérêt stratégique et technique de premier ordre. C'est cette disproportion entre les nécessités industrielles ou commerciales et les dépenses engagées qui m'a permis, dans bien des cas, de subodorer, puis de déterminer les manœuvres d'avant-guerre. Il n'est pas naturel, — pour ne citer qu'un exemple, — qu'une entreprise de produits alimentaires quelconques bouche, pendant douze ans de suite, un déficit annuel de huit à douze cent mille francs. La philanthropie la plus effrénée n'explique pas une telle magnificence. Quelle est, d'autre part, la bourse assez inépuisable pour subvenir, sans se lasser, à un pareil luxe, pour augmenter ainsi son chiffre de dépenses en raison inverse des recettes? J'étais arrivé, par l'élimination des hypothèses, à attribuer à un seul budget assez résistant et élastique, — celui du grand état-major allemand, — la prodigalité de ces agents secrets. Constatation de simple bons sens, que l'événement a vérifiée.

Grosso modo, aux estimations les plus basses, l'Allemagne, de 1900 à 1914, a dû dépenser annuellement de vingt-cinq à trente millions de francs pour son organisation, en France, d'avant-guerre, pour sa « Vorkriegunternehmung ». Elle y a mis en œuvre, c'est indiscutable, une forte dose d'ingéniosité, mais d'une ingéniosité à compartiments, établie sur quelques types invariables.

Il ne pouvait plus être question, en effet, d'espions volants et disséminés, comme ceux qui avaient fonctionné, ici et là, en 1870-71. Les « observateurs » campés en France par le gouvernement allemand et destinés à devenir, le cas échéant, des auxiliaires actifs des armées en campagne et des administrateurs des villes et des provinces envahies, les pionniers de la guerre en temps de paix devaient être, par définition, des techniciens, et des techniciens sédentaires. Chimistes, électriciens, lainiers, soyeux, minotiers, financiers, métallurgistes, géomètres-arpenteurs, photographes, constructeurs de béton armé, mécaniciens, ils devaient joindre à la vigilance patriotique de fortes capacités professionnelles et le don d'endormir l'ennemi éventuel. Chez nous, une pareille équipe serait assez difficile à constituer, vu les répugnances qu'inspire à nos compatriotes l'état de duplicité, de fourberie prolongé. L'Allemand trouve cet état naturel. Il y goûte même un plaisir de mystification barbare, qui éclate dans les déclarations pacifistes faites jusqu'à la guerre à tout propos par les principaux intéressés. C'était un sport, chez nos mauvais hôtes, de voir jusqu'où pourrait aller la crédulité des « Gaulois légers ». Ils en faisaient entre eux des gorges chaudes. La confiance qu'ils avaient su inspirer, en plusieurs endroits, était quelque chose de prodigieux. Il n'est presque pas d'in-

dustriel allemand ou de personnage allemand,
établi en France, signalé par moi comme dangereux, au cours de cette campagne, qui n'ait
trouvé un garant, un répondant parmi nos compatriotes, qui ne m'ait fait écrire par un bon et
loyal Français que je me trompais, que je faisais
fausse route, que je calomniais un innocent.

Depuis, vaincus par l'évidence, ceux qui
avaient ainsi pris la défense d'espions avérés
m'ont écrit de nouveau pour se frapper la poitrine
et déplorer leur propre aveuglement. Qu'ils se
rassurent. Je garderai pour moi leurs sincères
regrets. Mais comment n'avaient-ils pas les yeux
ouverts par tant de singulières concordances?
Trop peu de gens prennent l'habitude, au cours
de leurs premières études, de remonter des effets
aux causes. C'est une sérieuse lacune de l'éducation.

Périodiquement ces grands agents allemands
d'avant-guerre se réunissaient en un vaste local,
— la maison Zeiss, d'Iéna — situé non loin
des Halles de Paris, rue aux Ours, sous couleur
de mettre en commun les résultats industriels
obtenus par eux. Puis, toutes portes closes, et se
reconnaissant mutuellement, ils envisageaient la
situation vraie, se communiquaient leurs renseignements sur la politique générale, prenaient
leurs dispositions en conséquence. Au moment
d'Agadir, plusieurs d'entre eux rejoignirent

leurs régiments en vertu d'ordres d'appel individuel qui leur étaient parvenus discrètement. Il
en fut de même dès les premiers jours de
juillet 1914. Leur nombre même et celui de
leurs employés et subordonnés — il y avait
environ 150000 Allemands et Autrichiens, naturalisés ou non, au début de la guerre, à Paris
— leur était un sujet de préoccupation; car ils
redoutaient une explosion de sentiments germa-
nophobes à leur endroit. Ils avaient été jusqu'à
examiner la possibilité d'une prise d'armes sur
notre territoire, projet auquel ils renoncèrent,
vu la difficulté de l'exécution. Je me suis laissé
dire qu'à Londres fonctionnait une organisation
analogue et que la police anglaise était tout aussi
indifférente que la police parisienne aux trames
des agents allemands. Le Livre jaune français
insiste, avec raison, sur l'étonnante discipline et
le non moins étonnant secret qui permettent au
peuple allemand de tromper jusqu'au bout son
adversaire sur ses intentions. Puis, la haute police
a toujours peur de pécher par excès de crédulité..., non de crédulité confiante, mais de crédulité méfiante. Le scepticisme, quant à l'espionnage, y est de bon ton. Ajoutez à ceci la crainte
de commettre une erreur lourde et d'indisposer
un personnage influent : Allemand ou Autrichien naturalisé, ou politicien, ou journaliste
protecteur d'Allemand ou d'Autrichien natu-

ralisé. Il y avait de ces espions qui avaient le bras si long !

L'ARTIFICE DE LA NATURALISATION

Le chiffre sans cesse croissant, — et dans une progression fantastique, — des naturalisations, depuis une quinzaine d'années, au ministère de l'Intérieur, aurait dû suffire à ouvrir les yeux d'un gouvernement avisé. Alors que le nombre des naturalisations était de 38 000 en 1896, — chiffres officiels, — il s'élevait à 65 000 en 1901, à 90 000 en 1906 et à 120 000 en 1911 ! La majorité concernait les Allemands et les Autrichiens dans une proportion des huit dixièmes environ, si je fais une moyenne entre les chiffres assez voisins qui me sont parvenus à cet égard. Il est bien clair que l'amour de la France n'était pour rien dans cette ruée à la conquête facile d'un « chiffon de papier », peu compromettant quant à l'Allemagne et à l'Autriche, fort utile quant à notre pays.

En effet, il était, dès cette époque, dans les intentions du gouvernement impérial de donner au plus tôt force de loi au vieil axiome : *Semel germanus, semper germanus*, d'après lequel la nationalité allemande ne se perd jamais. Le 23 février 1912, — notez la date, — le secrétaire d'État pour l'intérieur, M. Delbrück, présentait au Reichstag et faisait adopter le projet de loi qui porte son nom et qui assure au citoyen allemand naturalisé le double bénéfice de sa nationalité réelle et de sa nationalité d'emprunt. J'ai publié ce texte dans *l'Avant-guerre*, je le reproduis ici, d'abord parce que beaucoup de personnes continuent à l'ignorer ou à le mettre en doute, ensuite parce que la guerre actuelle lui donne toute sa signification :

Il est vrai que nous reconnaissons qu'il y a des cas où un citoyen allemand se trouvant à l'étranger pourrait avoir un intérêt à acquérir, A CÔTÉ DE LA VIEILLE NATIONALITÉ, une nouvelle nationalité, et que, tout en possédant cette dernière, il pourrait en même temps REPRÉSENTER UTILEMENT LES INTÉRÊTS DE SA VIEILLE PATRIE. Pour faire face à cette éventualité, nous avons, dans la nouvelle loi, une disposition déclarant que ceux qui auront demandé et obtenu la nationalité dans un pays étranger, mais en ont préalablement averti les autorités compétentes de leur pays et en ont obtenu l'autorisation, NE PERDENT PAS LA NATIONALITÉ ALLEMANDE.

Impossible d'avouer plus clairement que l'on compte sur la naturalisation comme auxiliaire de la surveillance par le naturalisé — soyons poli — du pays d'adoption. D'où l'expression de « naturalisé à la Delbrück » qui, depuis quelques mois, a fait fortune. Ainsi se trouvait constituée, à la veille d'une guerre qu'on savait imminente, une cohorte civile de franco-allemands, solidement reliés à l'Allemagne et à l'Autriche, mais libres, en France, de leurs mouvements. Le danger d'une semblable situation est apparu soudain aux moins prévenus. Il a fait l'objet d'un grand nombre d'articles acerbement critiques dans les journaux de Paris, notament dans *le Temps,* peu suspect cependant de xénophobie. La naturalisation constitue une commodité administrative, un passeport permanent, de garantie nulle quant aux sentiments réels de l'Allemand ou de l'Autrichien qui l'a trop aisément obtenue, sous le couvert de laquelle l'agent ennemi peut opérer en toute sécurité. On a renoncé à dénombrer les « naturalisés à la Delbrück » qui, dès la première heure de la mobilisation, ont rejoint leur corps... en Autriche et en Allemagne. Le séquestre en a noté plusieurs. D'autres sont restés, escomptant le relâchement fatal d'une surveillance qui n'a jamais été fort rigoureuse, du moins à Paris. Le fait que les Allemands ont manqué leur coup quant à la capitale a permis aux naturalisés, demeurés ici à leur poste, de ne pas lever le masque. Mais on tremble en songeant à ce qui serait arrivé, si l'Allemagne avait, à la fin d'août, réalisé son principal dessein.

Quant au service militaire, auquel seraient astreints en France les Allemands et les Autrichiens naturalisés, c'est une simple plaisanterie. L'article 12 de la loi du 21 mars 1905 oblige les

naturalisés à suivre la classe de leur incorpora-
tion, mais jusqu'à leur vingt-septième année seulement. A partir de là, ils n'ont plus que des pé-
riodes de réserve (23 jours) ou de territoriale
(9 jours) à faire. C'est pourquoi la plupart d'entre
eux attendent l'âge de trente-cinq ans au moins
pour solliciter la naturalisation française. En
réalité, ils ne font presque jamais cette dérisoire
période de 9 jours, ayant soin de se prémunir
des certificats médicaux et chirurgicaux nécessaires pour leur réforme anticipée. Ajoutez à
ceci que les médecins majors — dans leur sagesse — n'insistent guère pour l'éphémère incor-
poration de « Français » aussi douteux, plus
dangereux encore à la caserne ou au camp que
dehors.

Certains Allemands opérant en France, par un
raffinement de rouerie qu'on s'explique trop, sollicitaient, non point directement la nationalité
française, mais, pour commencer, la nationalité
américaine, anglaise, belge ou suisse. Tantôt ils
s'en tenaient là, tantôt, doublant le masque, ils
passaient de leur nationalité d'emprunt à la nôtre.
Ce système à la Frégoli a donné bien souvent le
change aux enquêteurs. J'ai cité ainsi le cas d'un
certain *doctor Wilhelm Heilpern,* représentant la
Central Gesellschaft für chemische industrie, qui
s'était déguisé en avocat belge, puis avait anglicisé
son prénom de Wilhelm en Willy, afin d'entrer au

conseil d'administration de la *Société Française
de l'Industrie chimique* (anciens établissements
Tancrède et Collette). Ce cas est exactement comparable à celui, très fréquent, des sociétés allemandes arborant en France une façade suisse ou
américaine, voire hollandaise, afin de mieux déjouer les recherches ou les soupçons.

De pareilles roueries permettaient à ceux qui
les employaient de jouer sur les mots et de se
dire citoyens français, alors qu'ils l'étaient depuis
deux mois, un an, quelquefois deux semaines !
D'autres, Allemands établis en Alsace depuis plusieurs années, sollicitaient et obtenaient leur
« réintégration » dans une qualité de Français
qui n'avait jamais été la leur. La loi était sur ce
point si mal faite qu'elle servait la supercherie et
l'espion-envahissement, au lieu de les contenir et
de les contrarier. Une des premières besognes
d'après la guerre devra être de la modifier de fond
en comble. Comme l'écrivait un des correspondants du *Temps :* « Qu'arrivera-t-il après les
hostilités ? Je crains bien que, grâce à notre indifférence, à notre hospitalité bonasse, l'envahissement par les Teutons de nos entreprises, de nos
sociétés, de nos banques, des marchés commerciaux et financiers, ne fasse que croître à la faveur
de la naturalisation. » Pour le moment, ce qui
importe, c'est de constituer des dossiers, de façon
à dresser un réquisitoire accablant pour le jour

où cette question primordiale, avec les devoirs
pressants qu'elle impose aux pouvoirs publics,
sera examinée à fond. Il est absolument inadmissible, je le répète, que l'on revienne, après quelques insignifiants détours légaux, au *statu quo
ante*. Il y va de notre sécurité nationale.

Ainsi devront être détruites du même coup ces
louches officines dites « bureaux de naturalisation », où il était procédé à « la prompte exécution de toutes les formalités exigées pour la naturalisation des étrangers ». Cela non plus ne
sera pas un mal, car il y avait là d'autres nids
d'espionnage.

LE JALONNEMENT DE L'INVASION ALLEMANDE

PAR DES ÉTABLISSEMENTS

INDUSTRIELS ET COMMERCIAUX.

QUELQUES EXEMPLES.

La première objection qui se présente est
celle-ci : « Est-il vraisemblable que des industries
allemandes sérieuses et prospères aient poussé en
France des ramifications dispendieuses, exigeant
un grand rassemblement d'efforts et de soins, à
seule fin de complaire au grand état-major? »
Certainement non. Dans la plupart des cas, les
choses ne se sont pas passées ainsi. Je ne vois
guère que l'affaire de *Diélette,* — visant à l'éta-

blissement d'un *Gibraltar* allemand dans notre
Cotentin, — et une autre qui aient été montées
de toutes pièces en entreprises d'avant-guerre.
En général, les autorités militaires allemandes
se sont contentées, tantôt de guider, tantôt
d'utiliser des établissements industriels et commerciaux, qui continuaient, de leur côté, à
poursuivre leurs intérêts purement économiques.
Parfois ces autorités militaires déterminaient
l'emplacement d'une succursale ou d'un agrandissement. Très souvent elles intercalaient, tantôt un personnel de leur choix, comprenant des
officiers ou sous-officiers allemands en activité ou
en retraite, tantôt un directeur dévoué à leurs
ordres. Le séquestre français imposé aux maisons allemandes en France a découvert avec
stupeur des administrateurs *non statutaires et
révocables à volonté* qui touchaient ainsi des appointements variant de *quatre-vingts à cent mille
francs par an,* pour des besognes très peu absorbantes. Cette exceptionnelle rémunération récom-
pensait évidemment des services non moins
exceptionnels. Certains agents, en qui on avait
une confiance particulière, passaient d'une maison de produits chimiques dans une autre de
produits alimentaires, de celle-ci dans un atelier
photographique, sous leur vrai nom ou sous un
nom d'emprunt. On disait : « Ces employés allemands sont des encyclopédies vivantes. Ils savent

tout faire. Celui-là dirigeait des mineurs en Normandie. Il est maintenant dans les laines à Tourcoing. C'est d'ailleurs un gentil garçon, extrêmement serviable et laborieux. » Les patrons allemands avaient trouvé une désignation commode pour ces employés volants. Ils les appelaient des « volontaires ». On sait maintenant en quoi consistaient ces « volontaires ».

J'en connais un, ancien mécanicien de la marine allemande, que j'ai suivi pour ainsi dire à la piste dans l'Oise, où il séjourna plusieurs mois, puis à Paris, puis dans l'Est, où il tenait, à la veille de la guerre, un emploi fort modeste, peu en rapport avec ses capacités. J'ignore ce que la guerre a fait de lui, mais j'imagine qu'il doit avoir un grade important dans cette armée allemande, dont il préparait les étapes. Nommé en toutes lettres, il disparaissait ici pour reparaître là-bas sous un autre déguisement, donnant l'impression de jouer à cache-cache.

J'en connais un autre, agriculteur celui-là, qui se gênait si peu qu'il y a sept ou huit ans la Sûreté Générale, en dépit de sa condescendance vis-à-vis des étrangers, dut s'occuper de ses menées et signa contre lui un arrêté d'expulsion. Il vint à Paris, fit intervenir de puissants personnages, rapporter son arrêté d'expulsion et put désormais continuer son métier impunément. Car il n'était pas de meilleur sort pour un espion sédentaire, à poste fixe, que d'avoir subi une enquête et d'en être sorti victorieusement. Cela équivalait pour lui à un blanc-seing.

J'en connais un troisième, officier de réserve de l'armée allemande, qui simulait une maladie de la moelle et un commerce de blanchisserie au voisinage d'un fort important de la grande banlieue de Paris. Il m'avait fait l'effet d'un espion chef, d'une tête solide et rusée. J'ai su depuis que ce diagnostic était exact. Cette blanchisserie était bien son huitième ou neuvième avatar pour la seule région parisienne. Il pratiquait, celui-là, « le commerce abandonné », laissant derrière lui des terrains en friche, des immeubles fermés, terrains et immeubles où l'on a déjà fait des découvertes impressionnantes et dont un mystérieux ami continuait à payer la location. Il jouait à merveille le rôle du mélancolique désabusé, de celui à qui rien ne réussit, et presque tout le monde s'y laissait prendre.

Si je faisais une étude psychologique sur l'aveuglement en matière d'espionnage, je dirais qu'il tient à trois causes principales : l'oubli, l'inattention et l'intérêt. Il est effrayant de constater qu'en une ou deux générations l'enseignement d'une aussi terrible guerre que celle de 1870 fut presque complètement perdu. Je pourrais citer des cas de localités, ayant souffert de l'espionnage en 1870, et laissant tranquillement se reformer

chez elles un foyer d'espionnage, de 1910 à 1914!
Avertis, les fils des vaincus de 70 hochaient la
tête, commençaient à traiter de fables les récits qui
avaient bercé leur enfance, acceptaient jusque
dans leur intimité les successeurs de ceux que leurs
parents avaient surpris en flagrant délit d'espionnage quarante ans auparavant. D'autres invo-
quaient cet unique argument que les Allemands
paient bien et qu' « ils sont des hommes comme
les autres ». La guerre de 1914 est en train de
montrer précisément qu'ils ne sont pas des belli-
gérants comme les autres, qu'ils préparent à
l'avance l'invasion. Mais à quoi bon récriminer?
Tâchons seulement que la leçon, cette fois, se
grave profondément dans les esprits et qu'elle
soit inscrite dans des témoignages clairs et con-
crets, transmis eux-mêmes à nos descendants.

J'avais longuement insisté, dans *l'Avant-
Guerre*, sur l'installation à Montereau, dans la
contiguïté immédiate du pont de Moscou — sur
lequel passe la ligne essentiellement stratégique
Montereau-Flamboin — d'une succursale de la
grande maison de produits chimiques et pharmaceutiques *Merck*, de Darmstadt. En Allemagne,
cette maison *Merck* est une institution d'État,
tant au point de vue de son importance scientifique — elle publie en quatre langues les *Annales
de Merck* — qu'à celui de l'intensité de sa fabrication et du nombre d'ouvriers qu'elle emploie.

On aura une idée du rôle du pont de Moscou en temps de guerre quand on saura qu'à l'alerte de 1905 il a supporté le passage de plus de cent trains de munitions, près du double en 1911, au moment d'Agadir, et plus du triple en août 1914. En effet, il met en communication le réseau de Lyon avec celui de l'Est. J'étais tout spécialement renseigné sur les allées et venues des deux directeurs, Gruschwitz et Weiss, sur leurs relations avec d'autres installations allemandes en France, non moins suspectes que la leur, et sur certaines particularités de la forteresse industrielle qu'ils étaient parvenus à édifier en ce nœud vital de notre mobilisation et qu'ils perfectionnaient sans relâche.

L'usine — actuellement sous séquestre — occupe un terrain de 100 mètres de côté, longeant, d'une part, le talus du chemin de fer; de l'autre, le chemin de halage de l'Yonne; entouré, sur les deux autres côtés, par des terrains de culture qu'elle avait achetés depuis quelques semaines. Une palissade à claire-voie enclôt l'ensemble de la propriété. Sur le toit du bâtiment, construit contre le talus du chemin de fer, s'élève une disgracieuse guérite. Son but industriel paraissait être la protection de la partie supérieure d'un alambic à plateau, destiné à la rectification de l'alcool utilisé dans la préparation des glycérophosphates. En fait, c'était là simplement un observatoire merveilleusement situé pour pouvoir, derrière les cloisons en partie vitrées, observer à perte de vue la ligne Montereau-Flamboin et la vallée de l'Yonne, jusqu'à son confluent avec la Seine. De ce poste de factionnaire, Gruschwitz et Weiss pouvaient et devaient attendre l'arrivée prévue des armées du Kaiser. Les dernières patrouilles allemandes ont, d'ailleurs, été capturées à Varennes, à 1 800 mètres de l'usine. Ce qui n'était pas prévu, c'est que l'arrivée du général Joffre barrerait la route aux Allemands sur le Grand Morin.

Il y avait, en outre, dans l'usine :

1° Une haute cheminée en briques, susceptible de recevoir des antennes de télégraphie sans fil.

2° Une force motrice dépassant 1200 chevaux, alors que les besoins de l'usine en plein travail n'auraient pu en utiliser qu'une centaine. (Ici, j'ouvre une courte parenthèse : cette disproportion entre la force motrice et les besoins de l'usine, trait commun à plusieurs installations allemandes, est une indication d'avant-guerre. Les ingénieurs et usiniers allemands, qui offraient cette commodité éventuelle à leurs troupes en campagne, comptaient rentrer dans leurs débours à la signature de la paix.)

3° Deux énormes dynamos.

4° Une installation pour la fabrication de la glace.

5° Des salles spacieuses, entièrement cimen-
tées et libres de tout appareil.

L'organisation, très complète, de l'usine du
Pont de Moscou permettait ainsi de l'utiliser
comme atelier d'artillerie, comme génératrice
d'électricité, comme poste principal de télégraphie sans fil.

J'ajoute que, en ces derniers temps, les directeurs avaient infructueusement tenté d'obtenir
une voie de raccordement sur le chemin de fer et
que *les produits fabriqués dans cette usine étaient,
pour la plus grande partie, réexpédiés directement
en Allemagne.*

Pendant la semaine de tension diplomatique
de la fin juillet dernier, Gruschwitz et Weiss,
très sobres de paroles en temps ordinaire, étaient
devenus loquaces. Ils répétaient que la guerre
était impossible, que le peuple allemand ne la
voulait pas plus que l'empereur. Ils s'abstenaient
de tout préparatif de départ. Ils envisagaient déjà
l'obtention d'un permis de séjour, insinuant qu'ils
mettraient volontiers à la disposition du service
de santé militaire leurs aptitudes professionnelles
pour la fabrication de médicaments utiles à l'armée ! Ce qui n'empêche qu'ils furent arrêtés le
dimanche 2 août, à quatre heures du matin, et
dirigés, sous bonne escorte, vers un camp de
concentration.

Dans un grand nombre de villes, notamment

à Paris, à Lyon et à Marseille, ont été mises sous séquestre les succursales de l'agence de renseignements industriels et commerciaux Schimmelpfeng. Le fonctionnement de celle-ci, minutieusement exposé dans un chapitre entier de *l'Avant-Guerre*, était un véritable défi à la Défense nationale et au simple bon sens. Grâce à un ingénieux système de questionnaires — *Qui êtes-vous ?* — et de fiches établies d'après ces questionnaires, l'agence Schimmelpfeng avait composé un immense réseau de dossiers concernant les affaires commerciales et industrielles de notre pays, les directeurs et sous-directeurs de ces affaires, leurs actionnaires et les familles de ces actionnaires, s'étendant ainsi des civils aux militaires et pénétrant jusque dans la vie privée. J'ai eu entre les mains plusieurs de ces dossiers, communiqués — partiellement — à la clientèle, moyennant une faible redevance ou un abonnement qui ne représentaient pas le tiers des frais engagés. Ils permettaient à l'Allemagne de posséder une carte économique de la France absolument complète et notamment de supputer, à un sou près, les « possibilités financières » de telle ou telle région. En effet, les fiches de renseignements, collationnées dans des cartons, étaient groupées par villes. Le simple dépouillement d'un de ces cartons, de la taille d'un petit Larousse, donnait en une heure le moyen d'évaluer les ressources détaillées d'une ville de 20000 habitants. Or les doubles des renseignements recueillis de cette façon étaient immédiatement transmis à la maison centrale à Berlin et par elle aux autorités militaires. Il y avait là une application à l'espionnage du système de fiches anthropométriques imaginé par notre illustre Bertillon.

Chaque branche du commerce, de l'industrie, de la production agricole, des extractions minières, de la prospection du sous-sol faisait l'objet d'une enquête approfondie et exacte portant sur :

1° Le lieu : la description minutieuse de la région, de son climat, de ses moyens de communication, de sa population, de ses ressources pécuniaires, de sa teneur en éléments autochtones et étrangers, de ses représentants au Parlement, de leur situation de fortune et de leur entourage.

2° Le nombre d'ouvriers et d'employés que comportait tel commerce, telle industrie; leurs aptitudes, leurs salaires.

3° Les frais généraux.

4° Le mode de fabrication, d'extraction, les procédés mis à l'étude, etc.

5° La production journalière, mensuelle et annuelle, les hauts et les bas, la courbe, en un mot, de cette production.

6° Les matières premières.

7° Les marques de fabrique.

8° Le prix de revient et le prix de vente, etc.

Je laisse à penser l'usage qui a été fait de ces documents, au cours de la présente guerre, par les Allemands, dans les villes et départements envahis. Voici, par exemple, quelques renseignements sur ce qui s'est passé à Reims, d'après le récit qu'un témoin a fait à l'un de nos confrères de province les plus distingués, M. Joseph Orsat ; il en ressort que l'objectif allemand contre Reims était moins stratégique qu'industriel.

Les Allemands s'étaient livrés dès longtemps à des investigations précises touchant l'industrie des tissus de laine qui sont une spécialité de Reims : « Il leur fallait donc — dit M. Orsat — viser à ruiner cette suprématie, non sans avoir pris toutes les mesures utiles à son transfert ultérieur en Allemagne... Les événements ont bien prouvé que la préparation était de longue date. Le répertoire topographique des usines, des habitations particulières des fabricants et des cités ouvrières était si exact que pas une seule bombe ne manqua son but. »

Dans les usines, les pillards avaient fait un tri méthodique. Dans les bureaux, les livres-répertoires de clientèle, les devis, dessins, modèles et autres étaient emballés et expédiés aussitôt en lieu sûr : « Des ingénieurs et dessinateurs allemands prenaient des copies et descriptions des machines et du matériel de fabrication. » Les coffres-forts étaient éventrés, les livres de comptabilité arrosés de pétrole et incendiés. On avait prélevé dans les magasins « des ballots entiers de marchandises déjà manufacturées, modèles tout prêts pour l'imitation de demain ». Il en fut ainsi expédié plus de cent wagons vers les centres de fabriques rhénanes. La disparition de leurs livres de commerce ne permettrait même pas aux fabricants rémois d'établir leurs bordereaux de créances, de sorte que les voici à la merci de la bonne foi de leurs débiteurs. Quant aux cités ouvrières, elles furent méthodiquement anéanties, « avec une précision mathématique ». Le témoin conclut : « Quant aux moyens d'investigation des Allemands, ils revêtaient toutes les formes. Qu'il suffise de dire que nous dûmes, à Reims même, fusiller plus de soixante-dix espions, résidant en ville, découverts dans tous les métiers, dans toutes les classes sociales, sous tous les travestissements imaginables. »

Cette guerre aux usines, méthodiquement poursuivie par les Allemands, grâce aux renseignements que leur fournissait entre autres la Schimmelpfeng, aura été, je le répète, une des grandes innovations de la campagne actuelle. Au cours d'une suite de conférences concernant l'avant-guerre, donnée par moi depuis trois ans dans plus de quarante villes de France, j'avais eu l'occasion d'en exposer à deux reprises le plan aux

Rémois. Certains d'entre eux ont bien voulu s'en souvenir. Leur ville était en effet parmi les plus menacées, parmi les plus envahies. Elle fourmillait littéralement d'espions et de femmes suspectes. Le trafic de ses fameux vins, dont les Allemands sont particulièrement friands — on s'en est rendu compte au cours de la bataille de la Marne — favorisait cet état de choses. C'est ainsi que s'était édifié, récemment, sur les plans d'un architecte allemand, Paul Bonaltz de Stuttgard, la forteresse industrielle Henkell de *Biebrich Wiesbaden*. Situés entre le parc d'artillerie, les casernes Drouet d'Erlon et de Neufchâtel, le champ d'aviation militaire, les magasins de fourrages militaires, les lits militaires et enfin les docks de concentration militaire, les entrepôts Henkell occupaient le nœud vital et stratégique de Reims. De leurs fenêtres, les employés pouvaient surveiller tous mouvements de trains militaires sur les trois directions de Reims à Châlons, à Charleville et à Laon ! Les Allemands, jusqu'à la guerre, étaient à Reims comme chez eux. Ceci ne les a pas empêchés de témoigner, de la façon que l'on sait, leur reconnaissance à la malheureuse ville qui les avait trop aveuglément accueillis. Il semble même qu'ils y aient apporté une rage de bombardement — mais d'un bombardement électif — proportionnelle aux espérances de conquête totale que cet accueil en temps de paix leur avait fait concevoir. Il entra de la déception dans leur fureur.

Aux dernières nouvelles, les trois villes contiguës de Lille, Roubaix et Tourcoing, occupées par l'ennemi, étaient administrées par des gouverneurs allemands choisis parmi les commerçants et industriels établis dans la région depuis plusieurs années :

Lille, par un certain Koppel, officier allemand, récemment industriel à Fives-Lille; celui-ci n'aurait d'ailleurs que le nom de commun avec la maison *Orenstein et Koppel, Arthur Koppel*, laquelle avait envahi l'ancienne maison française Decauville aîné — wagonnets et tracteurs automobiles.

Roubaix, par un certain Nurnberg, fort connu, paraît-il, de tous les Roubaisiens au milieu desquels il séjournait.

Tourcoing, enfin, par deux officiers allemands, MM. Otto et Kastein, les lainiers bien connus de la rue de Chanzy. Ces deux derniers avaient quitté Tourcoing dès la fin de juillet. On m'a rapporté ce détail qu'ayant fait de mauvaises affaires, il y a une dizaine d'années, ils s'étaient relevés grâce au concours de divers industriels de Tourcoing et de Roubaix. Ceux-ci sont aujourd'hui payés de retour !

A Vitry-le-François, une mention spéciale doit être accordée aux frères Maximilien et Albert

Falk, sujets allemands, aujourd'hui sous séquestre, et détenus par l'autorité militaire. Car, de même que Creil, dans le département de l'Oise, Vitry-le-François, dans la Marne, devenait peu à peu une colonie allemande et les préparatifs d'avant-guerre s'y accomplissaient presque ouvertement. Toujours est-il que, les Allemands arrivant à Vitry-le-François, leur officier, après s'être assuré de la personne de plusieurs notables, demanda incontinent : « Où sont les Falk? » Lorsqu'il apprit qu'ils étaient en lieu sûr, il entra dans une violente colère et menaça de faire passer par les armes ses otages. Seule, la crainte des représailles vis-à-vis de ses précieux Falk le maintint. Mais ceci prouve, une fois de plus, que l'ennemi possédait le recensement exact et nominal des agents postés par lui sur notre territoire.

Il y a deux ans, un horticulteur de Corbie engageait un chef jardinier, se disant Luxembourgeois, d'une grande compétence, très habile, sobre, ne s'absentant que deux fois quinze jours par an, pour aller voir sa famille. On le trouvait bien un peu distingué pour son emploi, mais son contact n'en était que plus agréable, ses services n'en étaient que plus appréciés. C'est la guerre, l'invasion. Les Allemands arrivent. Ils sonnent à la porte de l'horticulteur : « Attendez, dit en allemand le jardinier chef, que j'aille revêtir mon uniforme. Il est dans ma cantine, au premier. »

Il était lieutenant de uhlans et avait fait venir
secrètement sa tenue depuis un mois. Il riait de
la stupeur de son patron et des voisins : « N'est-ce
pas que vous ne vous étiez douté de rien? »

L'histoire des champignonnières de Soissons,
auxquelles s'accrochèrent solidement les armées
du Kaiser, lors de la retraite de la Marne, méri-
terait, à elle seule, un chapitre[1]. Ces champignonnières étaient aménagées à l'avance en vue
d'une guerre de tranchées; des munitions y
avaient été déposées depuis six mois, disent les
uns, depuis un an, disent les autres; et elles
étaient, en tout cas, abondamment pourvues de
provisions. A Rethel, une usine que j'avais signalée, comme une fabrique à brevet allemand,
où les Allemands avaient su conserver des accointances suspectes, avait accumulé, dans ses
immenses halls, des ressources de toute sorte.
Lors de l'occupation, le quartier général allemand s'y installa. On pourrait énumérer, dès
maintenant, des centaines de cas semblables,
petits ou grands, sans compter tous ceux qui
demeurent inconnus ou mal connus et qui ne
seront révélés qu'à la fin de la guerre. Mais
aucun patriote ne me contredira si j'affirme

1. Le plan de ces champignonnières avait été relevé par les
soins d'un espion connu, Hermann von Mumm, marchand de
champagne et propriétaire d'une écurie de courses. Voir plus
loin.

qu'un pareil état de choses — dont on avait été prévenu à temps et auquel on aurait pu et dû remédier — a rendu leur tâche particulièrement difficile à nos armées et a facilité, au contraire, grandement l'invasion, puis l'incrustation de l'ennemi. Il est très inutile de récriminer, mais il est très utile de tirer les leçons, toutes les leçons, de cette terrible guerre.

Cette guerre était ainsi préparée, parce qu'elle devait être, dans la pensée des Allemands, une guerre scientifique et technique, où les spécialistes auraient leur rôle au même titre que les militaires. C'est en vertu de ce plan, méthodiquement suivi, que les armées allemandes en campagne sont accompagnées de chimistes, de physiciens, de mécaniciens, qui donnent leur avis, et un avis écouté, sur la nécessité de conserver, d'utiliser ou de détruire et d'anéantir telle ferme, telle usine, tel chantier, tel dépôt, tel magasin, tel commerce, tel stock. Nos ennemis ménagent chez nous, depuis le début de septembre, non seulement ceux qui leur ont, au cours d'une quinzaine d'années, donné des gages d'une soumission totale, non seulement les marchandises portant la marque « made in Germany », mais encore telle ou telle branche de fabrication spéciale dont ils ont besoin pendant l'occupation. Ils détruisent, au contraire, systématiquement, tout ce qui pourrait ultérieurement leur faire concurrence, tout ce qui, repris par nous, servirait à notre réapprovisionnement. Ce choix est minutieux et fait en connaissance de cause. C'est à cet effet que le célèbre chimiste Émile Fischer, surnommé « le Berthelot allemand », un des signataires de l'appel des quatre-vingt-treize intellectuels, accompagne le grand état-major. Cet homme multi-millionnaire, nanti, chargé d'honneurs et de prérogatives, accepte de tenir cet emploi d'expert en confiscations et en destructions. Il a sous ses ordres une troupe d'élèves, — copieusement exploitée d'ailleurs par lui en temps de paix, — qui l'aident dans sa malhonnête et sauvage besogne[1]!

Depuis quinze années environ, dans chaque branche industrielle, un technicien allemand était chargé, par le cabinet de l'empereur, de suivre en France les mouvements de telle usine pouvant être utile en vue de la guerre ou en temps de guerre, de s'y insinuer, si possible, à l'aide de capitaux allemands, d'éliminer les capitaux français par échelons progressifs, en un mot de germaniser l'affaire. Quand cette usine avait des concurrentes sur des points du territoire français inaccessibles, ou peu accessibles, en cas de guerre, aux armées allemandes, ordre était donné de supprimer ces concurrents gênants, de

1. Voir plus loin.

monopoliser l'industrie en question, de telle
sorte que son occupation par l'Allemagne, au
moment de la guerre, privât notre pays de toutes
les ressources dépendant de ladite industrie.
C'est là une forme de sabotage raffiné dont il y
a plusieurs exemples et dont heureusement la
Défense nationale n'a pas eu trop à souffrir. Mais
s'il suffisait de penser à tout pour être vainqueur,
les Allemands eussent été vainqueurs, car ils
n'avaient presque rien omis pour joindre la ruine
à l'écrasement[1].

Non seulement l'ennemi possédait le recensement de ses agents d'avant-guerre campés chez
nous, mais il les faisait surveiller et contrôler
par notre propre police! Voici comment : le consulat allemand, à Paris ou ailleurs, envoyait à la
préfecture de police, sous les prétextes les plus
divers, une demande d'enquête sur tel ou tel de
ses agents. Obligeamment, la préfecture enquê-
tait et adressait au consulat un rapport, duquel
il résultait que le nommé X... était, depuis telle
date, employé dans telle usine, dans telle maison
de commerce, qu'il menait tel genre d'existence,
qu'il avait telles relations, etc. Au jour de la
déclaration de guerre, plus de trois cents de ces

1. On a attribué, non sans vraisemblance, la pointe en V des
armées allemandes dans la région de Roye, après la bataille de la
Marne, à la volonté d'occuper les célèbres usines de Saint-Go-
bain, utiles notamment à la production de l'acide sulfurique. C'est
Emile Fischer qui régla lui-même cette occupation.

demandes se trouvaient en cours à la préfecture
de police. On m'affirme qu'elles ont été détruites
depuis.

Les Allemands et les Autrichiens étaient accueillis par nos administrations à bras ouverts.
La Société anonyme « française » d'huile de
graissage *Stern Sonneborn* fournissait *exclusive-
ment* les automobiles de notre armée et s'en van-
tait dans un prospectus où il était déclaré qu'elle
avait obtenu cet avantage sur trente-deux concurrents. Elle fournissait aussi l'arsenal de Tulle, la
préfecture de la Seine et la marine de guerre. Sa
maison mère était d'ailleurs à Hambourg (*21 à
26 Werfstrasse*) et la plupart de ses administrateurs étaient Allemands. Une trentaine de maisons
industrielles allemandes, dans les branches les
plus diverses, étaient à peu près dans le même
cas. Cependant qu'au contraire le gouvernement
allemand, à l'aide d'un matériel d'usine qui était
sa propriété, fabriquait lui-même, avec *son* char-
bon, le carburant — 300 000 hectolitres de ben-
zol par an au minimum — destiné à l'armée
allemande. Ce simple parallèle en dit long sur la
différence de préparation à la guerre dans les
deux pays.

Un des exemples les plus frappants de cette
confiance, que je ne parviens pas encore à
m'expliquer, était fourni par la menace sous
laquelle vivait, entre autres, la gare de Delle, du

fait de l'*OEsterreische Petroleum Actien Gesells-chaft*. Cuves de pétrole situées en contrehaut, — car l'usine autrichienne dominait la gare, — canalisation souterraine, rien n'y manquait. Par-dessus le marché, cette société fuyait les interrogations des annuaires, et il était impossible d'obtenir le moindre renseignement sur son compte, si ce n'est qu'elle vendait son pétrole 10 centimes meilleur marché au litre que les maisons du syndicat des pétroliers. Elle est aujourd'hui sous séquestre, mais au moment de la mobilisation, elle exigea une surveillance spéciale, amplement motivée, comme on voit. Il est fort remarquable, d'ailleurs, — et c'est un point sur lequel le général Cherfils a souvent insisté dans ses remarquables notes quotidiennes, — que ladite surveillance ait été maintenue aussi stricte en tous les points stratégiques du territoire, depuis le début des hostilités. Cette mesure, comme dit le général, honore notre prudence, mais flatte moins notre prévoyance. Elle nous dicte, pour l'avenir, une conduite différente.

Nous avons maintenant de hideux détails, — dans lesquels il me sera impossible d'entrer, — sur les scènes d'orgie qui se sont déroulées à Creil, au moment du passage des Allemands. La plupart des officiers et sous-officiers teutons qui s'y signalèrent occupaient des emplois importants dans les usines allemandes groupées, très intentionnellement, autour de la gare ou aux portes de la ville, notamment à la *Compagnie générale d'électricité*, — brevets Siemens-Schuckert, — et à l'usine du Tremblay, filiale de la maison-mère de Hoëchst. Dans les villages avoisinants, à Nogent-les-Vierges et à Villers-Saint-Paul, les espions allemands fourmillaient. L'ennemi se comporta là, pendant quelques heures, comme chez lui et il trouva, dans la basse populace, les plus abominables connivences. C'est qu'en effet, — et j'y insiste, — les Allemands apportaient avec eux, avant la guerre, aux points où ils se trouvaient en nombre, à leurs centres de rassemblements, à ce que j'appellerai leurs enclaves, une corruption systématique, elle aussi. Ils avaient là leur clientèle, leurs hommes à eux, leurs créatures recrutées dans la lie de la population, qui leur rendirent, au moment de leur marche en avant, de signalés services, sous toutes les formes. Quand tout sera fini, il y aura lieu de dresser une table complète et méthodique de ces ingénieuses modalités de l'espionnage selon les régions. La vallée de l'Oise y tiendra une place importante. Cela était prévu, cela était annoncé trait pour trait, point pour point, — j'en sais quelque chose, — et il est inexplicable qu'on n'ait point pris, dès le 1ᵉʳ août, là comme ailleurs, les précautions faciles et nécessaires. Le fait que l'avertissement venait d'un adversaire

déclaré du régime ne justifie point, pour Creil
en particulier, cette négligence. L'autorité militaire française, à défaut de l'autorité administrative, a sévi depuis sans doute et justement;
mais le mal était fait.

Je ne reviendrai pas ici sur la longue discussion, poursuivie dans la presse, dans *l'Avant-
Guerre* et jusqu'au Parlement, au sujet de la
Société industrielle de produits chimiques de La
Motte-Breuil, que je soutenais, depuis trois ans,
être une filiale de l'*Elektron* de Griesheim Bitterfeld et que d'autres déclarent indépendante de
cette firme allemande. Au moment où j'écris,
la question est encore en litige. Je n'insisterai
donc pas.

De même, me garderai-je de commenter le
télégramme officiel suivant, dont je possède plusieurs originaux, adressé par les préfets aux
maires de soixante-dix-huit départements, à ma
connaissance, dès le quatrième jour de la mobilisation : *Extrême urgence. Je vous recommande
précisément de faire détruire complètement, immédiatement, toutes les affiches des bouillons Kub
placées le long des voies ferrées et surtout aux
abords des ouvrages d'art, viaducs, bifurcations.
Ne mettez aucun retard dans l'exécution de cet
ordre, même sur les propriétés privées.* Dans ses
intéressantes *Notes de province*, parues au *Correspondant* récemment, M. George Fonsegrive a

marqué l'impression profonde produite à travers
le pays par cette précaution *in extremis* des autorités contre les criminelles menées de l'Avant-
Guerre.

Ce télégramme ajoute une lumière officielle
à l'enquête, sur l'accusation d'espionnage, d'un
procès actuellement en cours, ordonnée par un
jugement du Tribunal civil de la Seine, en date
du 22 juillet 1913; il ne saurait être question
ici de préjuger le résultat de cette enquête. Je
noterai seulement que, par une circulaire du début de décembre 1914, le Préfet de la Seine re-
nouvela aux afficheurs de la ville de Paris l'ordre
de détruire, dans le plus bref délai, les panneaux
pignons de la publicité Kub.

Le dossier complet concernant Maubeuge ne
pourra être publié qu'après les hostilités. Je puis
dire néanmoins, dès aujourd'hui, qu'il y a deux
ans environ, averti de ce qui se tramait en cette
région, j'y envoyai un de mes collaborateurs,
chargé d'enquêter sur place. Il en revint abondamment documenté et le résumé de ses obser-
vations parut en deux articles de *l'Action française*. Néanmoins l'événement a prouvé qu'ici
comme ailleurs la réalité était fort au-dessus de
nos prévisions.

Quant à la région de Saint-Mihiel, le *Times* a
constaté après moi qu'il y a deux ans, une société allemande, formée pour la fabrication des

produits chimiques, avait loué, pour cinquante ans, un important terrain situé à proximité de la ville. Elle y construisit de grands bâtiments, dont le plancher, de 250 mètres de long sur 30 de large, était fait en ciment armé. Puis, prétextant des difficultés financières, — artifice très employé, — elle se déclara en dissolution. Les travaux furent interrompus. Le plancher en ciment armé demeura intact. Or ces plates-formes ont été utilisées pour la mise en batterie des obusiers de 420, qui eurent raison des ouvrages du Camp des Romains et, de là, bombardèrent ensuite Lérouville et Sampigny, d'ailleurs sans succès.

LE RÔLE DES FERMIERS ALLEMANDS

Lorsque parut mon exposé de l'espionnage méthodique allemand en France, — où un chapitre était consacré aux fermes allemandes dans l'Est, désignées par leurs noms, — je reçus un grand nombre de confirmations et de renseignements complémentaires. On me reprochait d'avoir été trop succinct. Le fait est que, dans la Woëvre, notamment, le rôle des fermiers, garçons de ferme et simples agriculteurs espions a dépassé ce qu'on peut imaginer. Non seulement ils hébergeaient et guidaient l'ennemi à travers ces marécages boisés, dont les cartes les mieux faites ne donnent qu'une faible idée ; mais, pendant les engagements, ils abondaient en ingénieux stratagèmes afin de diriger le tir de l'artillerie. Une foule d'entre eux, saisis sur le fait, furent passés par les armes. D'autres réussirent à s'échapper. On dut prendre le parti, à un moment donné, de faire évacuer, dans ces régions, les fermes et villages à 10 kilomètres à la ronde. L'autorité administrative, prévenue depuis le mois de mars 1913, avait eu cependant toutes facilités pour mener son enquête particulière et procéder ensuite aux mesures d'assainissement qui s'imposaient. Si j'en crois les récits des combattants, il n'est presque pas une des fermes suspectes de la Woëvre qui n'ait donné lieu pendant la guerre à un incident d'espionnage allemand, suivi ou non de l'exécution du coupable, et beaucoup d'autres fermes, omises ou ignorées par moi, furent le théâtre de drames analogues. La constatation en est devenue banale.

C'est en prévision de ces faits que j'écrivais dans *l'Avant-Guerre* : « Nos voisins attachent en ce moment une importance capitale à ces domaines, généralement bien placés, qui deviendront, au moment de la mobilisation, autant de fortins allemands en terre française, où s'instruisent, en attendant cette heure critique, des guides et des éclaireurs de premier choix. » Il suffisait, ce que j'ai fait, de noter, sur les cartes d'état-major, les fermes suspectes en question pour remarquer qu'elles étaient situées le long des lignes de l'invasion future, qu'elles la jalonnaient littéralement. La plupart d'entre elles possédaient dans leurs caves le téléphone avec les postes-frontières allemands. Au mois d'octobre dernier, une ambulancière française, emmenée en captivité, relâchée depuis, dut attendre, dans un de ces postes, un convoi de prisonniers. La maladresse d'un sous-officier la fit entrer dans une pièce remplie d'appareils téléphoniques, sur chacun desquels était inscrit le nom allemand d'un village français. Elle en déchiffra ainsi une vingtaine, qu'elle reconnut fort bien; c'étaient les têtes de lignes de nos fermes d'espionnage. Quelques minutes après, un officier allemand, pénétrant à son tour, expulsait violemment la pauvre dame de cette chambre d'observation[1].

1. J'ai reçu d'un de nos vaillants amis, qui se bat quelque part dans la Meuse, une lettre dont j'extrais le passage suivant :

En tout cas, je suis en mesure de vous garantir l'absolue sincérité du tragique récit suivant que je tiens d'officiers.

Au début de la guerre, fin août, lors de notre première invasion en pays annexé, nos troupes passent près d'un vaste groupe de bâtiments, moitié ferme, moitié château, dans une vallée boisée. Les Boches, depuis deux jours, disparaissaient si vite qu'on perdait presque le contact : c'était la galopade, non sans quelque méfiance. Sur le seuil, le maître de la demeure, très chic, flanqué d'un nombreux domestique en smoking livrée clair, accueille nos soldats. On l'interroge sur la proximité possible de l'ennemi dans ces bois, là-bas, qui ferment l'horizon. Il rit de bien bon cœur. « Les Boches? Partis! Envolés! Dans les bois? Pas plus que sur la main! Il y est allé ce matin même! » Les larbins approuvent en souriant. En avant!

Partout, dans la Woëvre, nos troupes en campagne ont découvert de grandes poutrelles en ciment armé, quelques-unes enduites de rouille, semées à profusion par les champs, par les bois, sur les bords des rivières. Ces poutrelles étaient, de longue date, destinées par l'ennemi à rétablir les ponts que nos pontonniers auraient coupés sur la Meuse.

Et l'on tombe dans une formidable embuscade du gros de l'armée retranché dans des positions dès longtemps fortifiées. C'est la surprise, le début, sur ce point du front, de la grande reculade...

Et lorsqu'on repasse, pensant s'y accrocher pour tenir un peu, sur le château laissé en arrière, le matin, on le trouve transformé en une vraie petite forteresse d'où le maître et les valets font le coup de feu sur nos soldats en fuite.

Or, ce château-ferme, c'est Martincourt *dont vous parlez aux dernières pages de l'*Avant-Guerre.

On lit dans *l'Avant-Guerre,* page 229 :

Un de mes correspondants attire mon attention sur la situation toute particulière du château-ferme de Martincourt, *situé, celui-ci, en pays annexé, mais à une portée de fusil de la frontière et de la* forêt de Parroy (consulter la carte d'état-major). Martincourt *appartient à un propriétaire prussien qui y entretient, comme cultivateur (?)* DES VÉTÉRANS DE L'ARMÉE ALLEMANDE PARMI LESQUELS DES SOUS-OFFICIERS, AU NOMBRE D'UNE TRENTAINE. *Ces vétérans circulent fréquemment et librement dans le pays français et notamment* en forêt de Parroy. *Ils seront, en cas de guerre, d'excellents guides à travers ces bois très marécageux,* impraticables sans leur concours à une armée d'invasion.

Or, la forêt de Parroy *permet d'arriver jusqu'à* Lunéville, *en deux heures, à cheval, et de surprendre cette importante garnison* (2e division indépendante de cavalerie, 2e bataillon de chasseurs). *La connaissance de cette forêt permet en outre d'amener des troupes, au besoin de l'artillerie de siège, à deux kilomètres nord-est du fort* de Manonviller, *lequel couvre notre voie ferrée d'*Avricourt-Nancy *et constitue le seul ouvrage avancé à l'est de* Toul.

Au cours d'une tournée en automobile le long
de la frontière, que j'avais eu l'occasion de faire,
dix-huit mois environ avant la guerre, on m'avait
montré plusieurs de ces fermes allemandes,
situées tantôt dans le voisinage d'un fort, tantôt
à l'intersection de plusieurs routes, et destinées
visiblement à toute autre chose qu'à la culture.
La plupart de ces suspects se donnaient comme
des annexés. Mes accusations directes et nomi-
nales ayant été reproduites dans les journaux
locaux, aucun d'eux ne m'adressa la moindre
rectification. Encore plus que pour les forteresses
industrielles allemandes installées en France,
leur mot d'ordre était évidemment de garder le
silence et avant tout de se maintenir. Ce fut là
une des raisons qui me firent admettre la proximité de la guerre. Les dernières dispositions
étaient prises. L'état-major allemand désirait n'y
rien changer, même dans le personnel d'espionnage agricole. C'est qu'en effet la connaissance
de lieux aussi sauvages et enchevêtrés que la
Woëvre ne s'improvise pas. Il faut y être établi
depuis plusieurs années à poste fixe pour posséder à fond les chemins et les sentes. L'affaire du
« ravin de la Cuve », à Mars-la-Tour en août
1870, — où tant de soldats allemands trouvèrent
la mort par surprise, — avait montré au gouvernement impérial la nécessité de bons guides, en
cette région traîtresse d'entre Meuse et Moselle.

ÉTABLISSEMENTS TABOU,
PERSONNES RECOMMANDABLES

Les Allemands, qui ne brûlaient pas leurs espions et agents en France en temps de paix, ne les ont pas brûlés davantage au début de la guerre, alors que leur marche, de la frontière du nord à Meaux puis à Reims, leur faisait traverser des régions industrielles occupées par leurs complices. Les armées d'incendiaires et de pillards ménageaient soigneusement les demeures particulières et les établissements appartenant à leurs compatriotes ou à des amis de leurs compatriotes. C'est ce que *le Temps* a appelé, d'une formule assez heureuse, les « Établissements Tabou ». Les logis en question étaient signalés à la bienveillance de l'ennemi par des inscriptions telles que celles-ci : *Bitte schonen 2.34* — prière de ménager; 2ᵉ compagnie du 34ᵉ d'infanterie... *Bitte das haus zu verschonen* — prière de ménager la maison... *Gute leute, bitte schonen* — Bonnes gens, prière de ménager... *Gute leute, nicht plündern* — Bonnes gens, ne pas piller... Ces inscriptions, mises à la craie par les fourriers chargés de préparer les logements, et mises en connaissance de cause, figurent encore maintenant soit sur les portes, soit sur les volets d'immeubles qui restent seuls debout, au milieu d'autres totalement détruits. Je sais que, dans plusieurs localités, un exact relevé est fait de ces immeubles épargnés. Il permettra ultérieurement d'établir la liste de ceux qui étaient plus ou moins de connivence avec l'envahisseur. Ainsi de sérieuses sanctions pourront être prises et d'utiles confirmations établies.

Car il est très certain que les Allemands, gens tenaces, n'ont nullement renoncé à maintenir le contact avec leurs créatures et les intermédiaires dont ils disposaient sur notre sol avant la guerre. Je n'en veux comme preuve que cet extrait récent des *Communications du comité de guerre de l'industrie allemande*, bulletin édité à la fois par l'*Union centrale des industriels allemands* et par la *Ligue des industriels allemands*. Rien ne peut donner une plus complète idée de l'audace et de l'entêtement de ce peuple « sans vergogne », comme disait Schopenhauer : « *Une personne de confiance, qui surveillera elle-même, sur les lieu et place, qui discutera avec les séquestres, qui prendra soin des magasins et locaux commerciaux, etc., et qui maintiendra les rapports entre les intéressés en Allemagne, d'une part, et les autorités françaises, les créanciers et les débiteurs et surtout avec les séquestres, d'autre part, sera donc d'une grande utilité. Le comité de guerre de l'industrie allemande est en mesure d'indiquer, sur demande, des personnes recommandables dans ce but.* »

En d'autres termes, l'ennemi a conservé chez nous, en pleine guerre, un personnel à sa dévotion. Où ce personnel est-il recruté ? Je n'hésite pas à répondre, après enquête : chez les naturalisés « à la Delbrück », que cette naturalisation, — de fraîche ou d'ancienne date, — soit directement française ou suisse, hollandaise, américaine (du nord ou du sud). Pendant que nos soldats combattent, avec l'héroïsme que l'on sait, de la mer du Nord à l'Alsace, pendant que nos plus riches départements du Nord et de l'Est sont mis à sac par l'Allemand, celui-ci se flatte de maintenir encore chez nous ses positions antérieures et de faire franchir, sans trop grand dommage, ce mauvais pas à ses maisons de commerce et d'industrie en France. Il n'imagine pas une minute que nous puissions user de légitimes représailles.

Il serait très intéressant de connaître nominativement tous les membres de ce *Comité de guerre de l'industrie allemande*, qui fonctionne avec une si sereine confiance en notre candeur économique et politique. On m'a cité, comme en faisant partie, MM. Ballin, de la *Hamburg Amerika*; Thyssen, le métallurgiste bien connu; Rathenau, de l'*Allgemeine Elektricitäts Gesellschaft*. Je vois donc, ayant étudié la question d'assez près, quelles sont les « personnes recommandables » chargées ici de leurs intérêts. Il est bien clair que nous avons affaire à des naturalisés à la Delbrück, lesquels ont fait des pieds et des mains pour conserver leur poste ou du moins sauver la face. Le lecteur me croira-t-il si je lui dis que la liste des démarches de toute sorte, et de la plus rare impudence, accomplies par ces Franco-Allemands, depuis les premières ordonnances de séquestres jusqu'au moment où j'écris, tiendrait avec peine dans un Bottin du format Didot? Cette autre guerre se poursuit sous la guerre, avec un réseau de stratagèmes et de ruses qui défient l'énumération. Je crains bien que, sur ce terrain-là, nous ne soyons pas de taille et que nous ne nous ménagions de rudes déconvenues pour l'avenir. C'est qu'infiniment mieux doués que les Allemands dans les branches mêmes — les produits chimiques par exemple — où ils se croient passés maîtres, nous ne disposons pas des ressources d'État qu'ils possèdent, nous n'avons pas un *Comité de guerre de l'industrie française,* pourvu de subventions abondantes et capables d'agir à Berlin ou à Hambourg, pendant nos campagnes militaires.

Au résumé, les Allemands et les Autrichiens, — c'est tout un, au point de vue qui nous occupe, — ont attribué un rôle différent à leurs compatriotes établis en France, selon que ces compatriotes étaient ou non naturalisés « à la Delbrück ». Les non naturalisés ont reçu

l'ordre de joindre leurs corps dès le premier jour
et de guider chez nous les armées d'invasion,
en mettant leurs connaissances topographiques,
locales et techniques, à la disposition des autorités militaires. Quelques-uns des naturalisés, —
parmi les plus récents, les moins sûrs, — ont
reçu un ordre analogue. Mais les plus anciens et
les plus importants parmi les naturalisés, ceux
dont les relations étaient en conséquence les plus
solides et les plus étendues, ont reçu mission, au
contraire, de demeurer sur place à tout prix et
de défendre du dedans le commerce et l'industrie
de leurs véritables nationaux. Cette répartition
des besognes, surveillée et encouragée de loin
par un comité technique, peut être considérée
comme le chef-d'œuvre de la préparation germanique. Je pourrais citer telle usine allemande
de lampes électriques, la *Osram*, contiguë à l'arsenal de Puteaux par exemple, où le chef comptable von Oppel et le directeur technique Hugo
Arndt font actuellement campagne contre nous,
cependant que l'administrateur, Autrichien naturalisé, est demeuré tranquillement à Paris, a
même obtenu un emploi dans nos services
automobiles ! Ne vous étonnez pas, après cela,
si des fuites se produisent ici ou là, ou si
d'étranges rumeurs, optimistes ou pessimistes,
également mensongères, courent tout à coup
dans le public. Les « personnes recomman-

dables » ont passé par là. La bataille de la
Marne, celle de l'Aisne, celle de l'Yser ont
prouvé que nous savions vaincre. Il reste à
·montrer que nous savons profiter de la victoire.
Ce n'est pas le sens de l'organisation qui manque
en cette heure si grave, si déterminante — et
pour un long temps — à nos commerçants et
industriels. Mais où est l'impulsion d'en haut,
l'impulsion d'État qui fera converger leurs efforts?

DIÉLETTE ET LES MINES ALLEMANDES
DE NORMANDIE

Je serai bref sur la question des mines allemandes de Normandie — qui a donné et donne
encore lieu à tant de discussions contradictoires
— parce que je l'ai traitée avant la guerre
tout au long et que le séquestre a démontré
le bien-fondé de mes affirmations, en ce qui
concerne les principales concessions ou participations de M. Auguste Thyssen. Je laisse à
MM. Le Chatelier, Solacroup et autres associés
des Allemands avant la guerre, la responsabilité
·de leurs conceptions et combinaisons financières,
m'en tenant avec plus de fermeté que jamais,
à mon point de vue, qui est le suivant : *La
métallurgie allemande, en poursuivant l'acquisition
du sous-sol normand français, avec la collaboration active de l'empereur, ne visait pas seulement*

la possession du minerai de fer indispensable à son industrie guerrière. Elle visait aussi la possibilité, par un débarquement concerté, de couper le Cotentin du reste de la France et de faire, de la région Cherbourg-Diélette, une base pour les opérations navales de l'amiral von Tirpitz. Le blocus par la flotte anglaise a ruiné ce mirifique projet; on n'en a pas moins dû rechercher soigneusement si les sous-marins allemands, qui, depuis, le début des hostilités, sont parvenus à faire des incursions dans la Manche, ne se ravitaillaient pas dans les parages de Diélette-Flamanville. Le résultat de ces recherches a été négatif et il faut s'en féliciter. Par ailleurs, on a arrêté récemment dans la région un sujet allemand, détenteur d'une grosse quantité de dynamite provenant du dépôt de Diélette, dont je signalais le danger, vu la proximité de l'arsenal de Cherbourg. Les circonstances, là comme dans la grande banlieue de Paris, n'ont pas permis aux Allemands d'utiliser leurs immenses préparatifs; mais ce que nous apprenons chaque jour prouve l'importance et la qualité de ces préparatifs.

A l'heure présente, l'autorité compétente, justement désireuse de savoir ce que recèlent les cryptes de Diélette, exige qu'il soit procédé à un minutieux examen de ces immenses travaux d'avant-guerre. Cela semble d'autant plus nécessaire, qu'après une première et superficielle visite de la mine, au début des hostilités, quelqu'un eut la maladresse, plus ou moins intentionnelle, de faire fermer les portes de serrement des étages *90* et *150*, laissant ainsi les eaux d'infiltration envahir les galeries. Qu'y avait-il donc à cacher pour que l'on noyât, en un pareil moment, cette mine suspecte, pour que tant d'obstacles fussent apportés, de tous côtés, à la volonté patriotique de la Défense Nationale, désirant se rendre compte par elle-même du ténébreux mystère du Gibraltar allemand de Diélette ?...!...

Les formidables dépenses — de douze à quinze millions — engagées, à Diélette même, par un industriel aussi avisé que M. Auguste Thyssen, en vue de l'exploitation toujours aléatoire d'une mine sous-marine, montrent l'importance que l'amirauté allemande attachait à la possession de ce point du littoral. Le mot de « Gibraltar », que j'avais employé afin de rendre l'intention allemande plus saisissante, semblait exagéré à quelques-uns, vu les dimensions de l'anse de Diélette, bien que le wharf fût aménagé pour des navires de plus de 2 000 tonnes. Néanmoins, de mois en mois, les travaux se faisaient plus considérables et l'on en aura quelque idée en feuilletant le numéro du *Génie Civil* du mois de septembre 1913, où se trouve le plan du système de treuils et de wagons aériens destinés à l'embarquement du minerai. C'est à ce sujet que le *Phare de la Manche*, dans son numéro du samedi 6 juillet 1912, écrivait ces lignes mémorables : « Le ministre a pu se rendre compte que, contrairement, à certains bruits pessimistes, la mine de Diélette était bien exploitée par des Français et non par des Allemands. » Or il suffisait, dès cette époque, d'ouvrir n'importe quel annuaire des Sociétés par actions, pour y trouver en toutes lettres, au conseil d'administration et de direction des mines de Diélette-Flamanville, les noms de MM. Thyssen, Rabes et Horten; de sorte que je n'ai jamais pu comprendre qu'on osât nier à ce point l'évidence.

Au surplus, voici un tout récent résumé du *Berliner Tageblatt*, qui met les choses définitivement au point et trahit la déception germanique : « Il sera aussi intéressant de connaître les possessions minières allemandes dans l'ouest de la France, où les confiscations par l'État français vont déjà leur train.

« 1° La firme Thyssen y possède les mines de Diélette (345 hectares) près Cherbourg, puis, de par sa participation aux Hauts Fourneaux et Aciéries de Caen, un intérêt dans les mines de Soumont et Perrières (460 et 773 hectares respectivement). Enfin, la firme a passé un traité de dix ans avec les mines de Jurques pour la four-

niture de minerai de fer (livraison annuelle de
100000 tonnes). »

[Je ferai remarquer ici que la mine de Jurques
a été concédée à la *Société* dite « française » *des
Mines de Fer*, du groupe de Poorter. Ce de
Poorter, armateur hollandais, n'est là-dedans que
l'intermédiaire de Krupp[1].]

« 2° Le groupe Phönix, Hôsch et Haspe possède les mines de fer de Buly (402 hectares), de
Mallot (430 hectares) et de Saint-André (389 hectares).

« La *Gutehoffnungs Hutte* de Oberhausen est
propriétaire des mines de Barbery (425 hectares).

« D'une façon générale, on peut dire que l'industrie sidérurgique allemande possède dans
l'ouest de la France, 1819 hectares de mines de
fer et y participe à 2333 hectares. Mais ces
mines, à cause de leur situation géographique,
n'auront jamais pour l'industrie allemande la
même importance que le bassin de Briey. »

Chose curieuse, le *Berliner Tageblatt* énumère
cursivement les principales concessions allemandes de Normandie, mais il le fait avec une
sécheresse voulue et une grande sobriété de

1. Cette société est portée ainsi à l'annuaire des valeurs
admises à la cote, publié par la Chambre syndicale des Agents
de change (année 1914, pages 2038 et 2039) : *Société française
des Mines de Fer*, administrateurs : M. le comte de Terves, président; Jos. de Poorter, Van der Schriek, Leblond, Lautier.
Siège social, 9, square Moncey, Paris.

détails. Sans doute l'Allemagne n'a-t-elle pas perdu tout espoir de recouvrer, après la guerre, grâce aux déguisements de sociétés ,et procédés de substitutions qui lui sont familiers, quelques-unes de ses enclaves en terre française. Il lui semble dur de renoncer aux millions de tonnes de minerai de fer que lui promettaient, pour ses usines métallurgiques, le sous-sol de la Normandie, puis celui de la Bretagne, puis celui de l'Anjou. D'autant plus que la guerre actuelle épuise complètement ses réserves et qu'on peut se demander où nos voisins de l'Est, après la paix, se procureront le métal nécessaire à leur industrie. Entre tous les problèmes qui se dressent à l'horizon enflammé, il n'en est pas pour l'Allemagne de plus redoutable que celui-là.

Cherbourg et Caen l'ont échappé belle. La première, par les escales de la *Hamburg Amerika* et du *Norddeutscher Lloyd*, se germanisait chaque année davantage. La seconde se préparait à devenir industriellement une succursale des usines Thyssen. La grande guerre de 1914 aura été, pour la Normandie, à la fois une délivrance et une terrible leçon. Plus on accorde à un monstre de voracité tel que l'empire allemand, plus il exige. J'ai, de longue date, la conviction que cette conquête progressive de la Normandie par les sujets du Kaiser fût devenue, d'ici peu, un *casus belli*.

L'INVASION ALLEMANDE DANS LA VALLÉE
DU RHÔNE ET DE TOULON A NICE

Depuis une quinzaine d'années, les Allemands foisonnaient à Lyon et dans la banlieue de Lyon, dans la vallée du Rhône, en Languedoc et sur le littoral méditerranéen, de Toulon à Nice, d'où leur présence chassait les Anglais. L'affaire du traître Ullmo ne paraît cependant pas avoir ouvert les yeux aux autorités locales et la déclaration de guerre de l'Allemagne à la France, en les forçant à prendre des mesures tardives, fut pour beaucoup la révélation d'un mal qu'elles ne voulaient absolument pas soupçonner. Comme sur tous les points de notre pays où ils s'étaient fortement implantés, les Allemands avaient contracté là des relations d'intérêt et de voisinage qui leur furent jusqu'au bout d'un puissant secours, soit que l'autochtone continuât à nier le danger, soit que, l'ayant reconnu, il répugnât à le dénoncer *in extremis*. J'ai reçu à ce sujet, notamment de la région de Cannes, des monceaux de plaintes, émanant de patriotes exaspérés, et qui n'étaient certes pas injustifiées. Peu à peu cependant, les choses se sont tassées, les séquestres se sont abattus lentement et sûrement sur presque tous les indésirables et les suspects. Ceux d'entre les

Allemands et Autrichiens naturalisés qui ont glissé à travers les mailles du filet n'en sont pas moins trop surveillés désormais pour pouvoir nuire. Mais il est vraisemblable, quand on envisage l'ensemble des faits et la multiplicité de ces petits scandales, que la mobilisation, escomptée à tort, de l'Italie eût trouvé, dans ces parages, de sérieux appuis. Un grand nombre d'établissements et d'agents allemands avaient en effet préparé les voies avec une minutieuse sollicitude.

Pour la ville de Lyon elle-même, que sa puissante, diverse et florissante industrie désignait particulièrement aux convoitises allemandes, j'ai le précieux témoignage de son maire, notre distingué confrère M. Herriot, qui m'écrivait à la date du 30 octobre dernier :

Je viens de lire, dans *l'Action française* du 24 octobre, votre article sur les naturalisés. Nous avons eu beaucoup à nous méfier, en effet, au cours de la mobilisation, de certains néo-français et surtout de personnages en instance de naturalisation. Dans notre région, les autorités militaires et civiles, agissant en plein accord, ont fait tout le nécessaire pour qu'ils fussent hors d'état de nuire. La surveillance est continuée, ainsi qu'il convient, jour par jour.

L'analyse des nombreux séquestres intervenus pour Lyon et la région lyonnaise montre en effet la profondeur de l'infiltration germanique. Les principales firmes de Paris avaient une succursale dans la seconde ville de France. C'étaient, ici et là, les mêmes procédés et le même but.

Par ailleurs, notre confrère Marcel Provence, directeur de la vaillante revue des *Quatre Dauphins*, paraissant à Aix, menait, lui aussi, depuis plusieurs mois, une campagne d'avant-guerre. Il avait signalé notamment la distillerie Schimmel, aujourd'hui sous séquestre, placée à 30 mètres du pont de l'Aise et à 25 mètres de la gare de Barrême, dont l'importance stratégique eût pu devenir considérable, si la Triplice avait fonctionné. Ces distillateurs avaient poussé l'arrogance jusqu'à orner d'un casque à pointe la cheminée de leur usine! Ils répondaient ironiquement aux passants indignés que ce casque était « un motif d'ornementation ». Au moment de la déclaration de guerre, la jeunesse patriote brisa cet emblème ennemi et planta le drapeau tricolore sur la cheminée monumentale de l'usine. Mais les distillateurs locaux n'en sont pas moins ruinés et les cyprès abattus par centaines. Car il est très remarquable de constater avec quelle méthode l'industrie allemande se livrait en France au saccage des arbres, qui sont une des parures, des richesses et des sauvegardes naturelles de notre pays. En Corse, les Allemands massacraient les châtaigniers. J'ai été le premier dans la presse à signaler les dévastations forestières du Badois Himmelsbach, lequel encombrait en outre intentionnellement de ses traverses nos quais et débarcadères militaires.

Une grande partie des enfants de *Barcelonnette*, la plus riche, la plus écoutée, habite les villes du Mexique, où elle fait le commerce des nouveautés et du fer. Aussi, vers le commencement d'août, les journaux de Mexico, grâce au Wolff-bureau, annonçaient-ils que Digne était en flammes, que les cités bas-alpines brûlaient et que le département était envahi par les Italiens! Les Allemands comptaient ainsi décourager les mobilisés originaires du Mexique, les « Barcelonnettes », comme on les appelle là-bas. qui, songeant à leurs maisons natales incendiées, à leurs champs dévastés, eussent pu trouver vain de venir se battre en France. Mais ils avaient compté sans le patriotisme de nos gavots, qui percèrent aisément ces mensonges. Pas un des mobilisés du Mexique n'a manqué à l'appel de la France.

On pouvait lire récemment, dans les journaux du Midi, une note fort intéressante, concernant l'usine de *Saint-Jean du Gard*, laquelle commande les avenues conduisant de la plaine du Languedoc vers le Plateau Central. Cette position est d'autant plus importante qu'elle est tête de ligne du chemin de fer de Nîmes. En visitant l'usine de Saint-Jean du Gard, où les Allemands fabriquaient de l'extrait de châtaigniers, on a découvert des plates-formes en béton, de 2^m,50 d'épaisseur et de 6 mètres de largeur, semblables à celles qui furent révélées aux environs de Maubeuge et en Angleterre.

Quant au littoral méditerranéen, il faudrait un volume pour énumérer les propriétés qu'y occupaient les Allemands — principalement dans l'industrie hôtelière — et les préparatifs qu'ils y avaient faits[1]. Les autochtones avaient pittoresquement baptisé cette agression en temps de paix, s'étendant jusqu'au commerce des fleurs et des primeurs. Ils l'appelaient « l'invasion verte ». En dépit d'une réclame habilement soufflée par les agences de publicité allemandes installées chez nous sous le couvert suisse — et qui visaient, ni plus ni moins, à l'accaparement de la presse parisienne — le séjour de ces lieux enchantés devenait insupportable, du fait d'un tel pullulement.

Ne pouvant faire la guerre à tous, mais désireux de dénoncer des manœuvres qui devenaient intolérables, je fis la guerre à un, bien choisi, qui devrait être aujourd'hui en prévention de conseil de guerre sous l'inculpation d'espionnage : le sieur Uhde, châtelain de l'Almanarre près de la plage d'Hyères, ancien officier aux hussards de Zieten. De sa propriété, dominant

____

1. Voir la troisième partie.

l'estuaire de la grande rade de Toulon, allant de Carqueiranne à la presqu'île de Giens, on pouvait suivre tous les mouvements de nos navires de guerre. On me signalait ses allures plus que louches, ses fréquents voyages en Allemagne. Je le questionnai publiquement et directement, par la voie du journal, sur ces différents points. Il commença par me répondre avec l'arrogance habituelle à sa race, puis, devant mon insistance, me traduisit, ainsi que *l'Action Française*, devant le tribunal de Toulon, en réclamant, selon la coutume allemande, des dommages-intérêts colossaux. Entre temps, il m'adressait un certain nombre d'ambassadeurs, choisis parmi ses plus belles relations, braves gens abusés par son faste, sa ruse et des dehors de bon garçon. Un grand usage de ce genre d'interventions — qui tiennent à notre invraisemblable candeur en matière d'espionnage — me permit de passer outre avec quelque brusquerie. Le vendredi 12 décembre 1913, le tribunal de Toulon rendait un jugement mémorable qui nous renvoyait des fins de la plainte et condamnait Uhde aux dépens. On y lisait les deux attendus suivants :

Attendu que toutes ces articulations, qui paraissent être celles dont se plaint surtout Uhde et que le tribunal rappelle, la citation de la partie civile n'en ayant spécialisé aucune, ne constituent pas le délit de diffamation.

Attendu, en effet, que le fait de laisser entendre, ce qui

est le cas des articles poursuivis, que Uhde pourra faire
profiter son pays de renseignements que son séjour parmi
nous lui permet de se procurer, n'est pas de nature à
porter atteinte à son honneur et à sa considération ; que
d'aucuns estiment, au contraire, qu'il est honorable de
servir sa patrie dans n'importe quelles circonstances et
qu'il est évident que l'ancien officier, qui est le deman-
deur, ne serait point amoindri vis-à-vis de ses compatriotes pour avoir accompli, le cas échéant, ce qu'il pourrait considérer comme un devoir, etc., etc.

Uhde, mécontent de ce jugement, ne se tint
pas pour battu. Il osa faire appel devant la cour
d'Aix, nous demandant 10000 francs de dommages-intérêts et 100 insertions à nos frais. La
cour, partagée entre le devoir patriotique de
refréner l'audace d'un officier allemand campé
en France et la crainte de déplaire aux influents
amis de Uhde, en donnant trop complètement
raison à *l'Action française*, la cour donc, lui
accorda 50 francs de dommages-intérêts à titre
de réparation purement civile et lui refusa toute
espèce d'insertion. Je ne doute pas que les magis-
trats d'Aix ne regrettent aujourd'hui ce jugement
biscornu. Enfin, le lendemain de la déclaration
de guerre, Uhde, que ces procès avaient déjà
signalé aux autorités locales et qui était l'objet
d'une surveillance attentive, fut arrêté au moment
où il quittait sa propriété en automobile. En
dépit de sa vive résistance, il fut aussitôt trans-
féré à Toulon et de là à l'île Sainte-Marguerite,

puis à la citadelle de Saint-Tropez, où il attendait, aux dernières nouvelles, sa comparution devant la justice militaire. J'ai été appelé, par commission rogatoire, à déposer sur son cas dans le courant du mois d'octobre dernier.

En général, les agents allemands du littoral et des îles sont plus visibles que les autres. C'est ainsi que le nommé Maximilien Kahn, sujet francfortois des plus suspects, dont la présence et les installations à Bréhat avaient été signalées à la tribune du Sénat par M. le sénateur Riou, dans la séance du 14 février 1912, a vu ses travaux d'avant-guerre mis sous séquestre en Bretagne comme à Paris. Quant à lui, comme un espion qu'il était, il a pris la poudre d'escampette trois jours avant la mobilisation. Il appartenait, comme Uhde, à la classe des espions noceurs, bons enfants et très lancés. Catégorie fort différente de celle des espions sérieux, techniciens, attentifs à leur affaire et qui ne rient jamais. Mais ce serait un tort de croire que cette jovialité, qui facilite la camaraderie, exclut le danger..., au contraire[1].

LE MONDE DE L'ARGENT

Il est bien évident que le monde de la Bourse, des manieurs d'argent — qui est aussi le monde

1. On m'a affirmé que quelques emprunteurs sans vergogne, obligés de l'infâme millionnaire Uhde, qui avait le billet bleu

des nouvelles internationales — comprenait, sous
la rubrique générale et banale de « naturalisés »,
un grand nombre d'agents allemands et autrichiens. Le plus célèbre d'entre eux, le baron Rosenberg, avait, quelques jours avant les hostilités,
poussé le cynisme financier tellement loin qu'il
fut copieusement conspué par ses collègues et par
le public et que la police dut protéger sa retraite.
A défaut de sa personne, ses biens — ou tout au
moins ce qu'on a pu en saisir — sont actuellement sous séquestre. Venu de Vienne en plusieurs
bateaux, d'origine interlope et obscure, remar-
quablement doué pour l'agiotage comme tous ses
pareils, ce Rosenberg avait rapidement pris pied
à Paris, s'intéressait au mouvement théâtral,
commanditait un journal du boulevard, fréquentait assidûment le monde politique. Il ne négligeait
pas non plus l'espionnage. *La Tunisie française,*
dans des articles très remarqués, a signalé une
« société agricole et cotonnière » où Rosenberg,
associé à un certain H. B..., disparu dans les
premiers jours de la mobilisation, avait enfoui
1 900 000 francs! On remarqua que le choix, par
cette société, d'un domaine limité par la mer, à
proximité du port forain d'Hergla, aurait permis,
si les événements avaient tourné autrement, au

facile, se seraient portés comme caution, en vue d'obtenir l'élargissement du misérable. Je regrette de ne pas avoir eu les noms de
ces beaux messieurs. Je les eusse imprimés immédiatement ici.

temps des incursions du *Gœben* et du *Breslau*, d'y entreposer des armes et des munitions. La côte y est basse, la surveillance presque nulle. Dans l'hypothèse d'un soulèvement arabe, les insurgés eussent trouvé près de là, à Medfoun, des approvisionnements de toute nature. Enfin, une usine d'égrenage, acquise par Rosenberg dans le voisinage de la gare de D'jebel-Djelloud, où se trouvent des ateliers de constructions, eût permis d'emmagasiner des provisions d'explosifs.

Le cas romanesque de Rosenberg n'est pas isolé. Une autre banque allemande de Paris, possédant de très grosses exploitations industrielles dans l'Amérique du Sud, n'avait jamais voulu utiliser aucun matériel français, ni se servir d'aucun bateau français pour son fret. Elle achetait chaque année des millions de marchandises à l'industrie allemande. L'argent lui était fourni par des émissions intégralement souscrites en France. Cette banque était, en outre, commanditaire prépondérante d'une compagnie de chemins de fer dans l'Argentine. Lorsque le consul de France à M... voulut diriger sur Buenos-Ayres les quinze cents Français résidant en cette ville, il se vit refuser sans appel les facilités de transport demandées, alors que la compagnie emmenait, par transport accéléré, la colonie allemande de C. et de R., qui put ainsi quitter Buenos-Ayres avec quelques jours d'avance sur les navires français.

Depuis une quinzaine d'années, la *Deutsche Bank,* la *Dresdner Bank* et la *Disconto* de Berlin manœuvraient derrière un rideau de banques établies à Paris et dont la plus connue était la banque Allard, place de la Bourse. Celle-ci est aujourd'hui sous séquestre. Vers le milieu d'octobre, le bruit courait qu'elle correspondait encore avec l'Allemagne et l'Autriche par le moyen des banques des pays neutres. Deux de ses directeurs étaient Allemands naturalisés. La vérité est que l'Allemagne poursuivait, avec une ténacité inouïe, son grand projet de l'introduction de ses valeurs d'État, — chemins de fer, usines, etc., — à la cote de la Bourse de Paris et que, si elle n'avait pas encore abouti officiellement, un grand nombre de suintements officieux, en quelque sorte, s'étaient produits. Là comme ailleurs, la pesée allemande devenait presque irrésistible.

Cependant une longue étude de la question m'avait amené à conclure que l'envahissement financier allemand et autrichien n'avait pas, au point de vue de la guerre éventuelle, la terrible importance de l'envahissement industriel et commercial. Les agents de la finance étaient brûlés comme tels à la Bourse. On les connaissait. On se méfiait d'eux. On se méfiait beaucoup moins, — l'événement l'a démontré, — des agents industriels et commerciaux.

La question de la finance allemande à Paris

était intimement liée à celle des communications télégraphiques et téléphoniques. Le fonctionnement de la désormais légendaire agence Wolff a montré l'importance des services que l'Allemagne attendait de ce genre de mainmise et de ces agents de publicité disséminés à travers le globe. Il y avait là un péril contre lequel nous a été d'un immense secours la puissante organisation de l'information anglaise. Il faut bien reconnaître qu'à ce point de vue nous sommes demeurés fort en arrière des autres nations de notre rang et que Paris, lumière du monde, manque de moyens français pour propager cette lumière. Il lui faut emprunter les fils de ses voisines, mieux organisées que lui. Directeur d'un journal que sa position, nationale avant tout, oblige à contrôler et rectifier quotidiennement les nouvelles transmises par des agences qui n'ont pas à se placer sous l'angle de l'intérêt français, je redoutais infiniment, au début de la guerre, le télégraphe allemand. Par bonheur, ce dernier, sérieusement inhibé par le télégraphe anglais, a, d'autre part, immédiatement passé la mesure. Il est tombé dans des excès de haute fantaisie, excellents sous l'angle de l'attaque brusquée, exécrables, et de plus en plus, eu égard à la prolongation des hostilités. L'Allemagne sait mentir effrontément; elle ne sait ni doser ses mensonges, ni les proportionner à la capacité de crédulité des neutres.

Elle abuse de la négation de l'évidence. C'est ainsi que, merveilleusement outillée pour la guerre électrique et herzienne, elle dissipe son avantage matériel par cet « excès en tout » qui la conduit présentement à sa perte.

LES PRÉPARATIFS ALLEMANDS A PARIS
ET AUTOUR DE PARIS

L'objectif des Allemands était Paris. Ils avaient tellement répété, sur tous les tons, qu'ils seraient à Paris quinze jours après la déclaration de guerre qu'ils avaient fini par le croire. Depuis quinze ans, ils faisaient sournoisement, dans la grande ville qui les accueillait, tous leurs préparatifs en conséquence et nous ne connaîtrons jamais, — l'événement ayant trompé leur attente, — l'étendue et la minutie de ces préparatifs : signaux optiques et lumineux, ou par le moyen de panneaux d'affichage situés sur les plus hauts pignons, dans le voisinage des gares et des principaux édifices ; châssis tout préparés pour des automobiles militaires destinés à assurer l'incendie des maisons et la police des rues ; dépôts alimentaires, agencés de telle sorte que l'autorité allemande n'eût qu'à mettre la main sur eux ; tableaux complets, et par quartiers, de la situation de fortune des habitants et listes des notables tenues à jour, grâce aux agences de renseigne-

ments allemandes, notamment à la Schimmelpfeng; organisation, par districts, d'administrateurs et d'indicateurs civils allemands, choisis
parmi les principaux commerçants et industriels
de la nation ennemie, établis chez nous de longue
date et connaissant à fond leur clientèle; dépôts
d'armes et de munitions, d'explosifs de toute
sorte, accumulés en certains endroits, dans des
hangars et magasins connus de l'envahisseur, sous
les étiquettes et les déguisements les plus variés;
dépôts d'uniformes allemands. On n'en finirait
pas d'énumérer ces travaux et dispositions d'avant-
guerre qu'a rendus vains la victoire de la Marne,
mais sur lesquels doivent être fixées dès maintenant les autorités militaires et administrations
compétentes. Je dirai, d'un mot, que tout était
prêt, dans la colonie allemande et autrichienne
« naturalisée » à Paris, pour qu'à un signal convenu le Paris allemand prît possession, ouvertement et brutalement, du Paris français. Ainsi,
dans les féeries de notre enfance, un décor de
pâtisserie se changeait tout à coup en un décor
de forteresse, par un ingénieux système de portants et de plans pivotant ou se rabattant les
uns sur les autres.

On sait, entre autres choses, que l'ambassade
d'Allemagne avait dressé une liste des écrivains
et journalistes hostiles à l'Allemagne résidant à
Paris, de telle façon que la « Kommandatur » pût

mettre immédiatement la main sur eux. Cette liste était le résultat des patients travaux des correspondants allemands que nous voyions circuler dans les théâtres et sur les boulevards, et dont quelques-uns jouissaient d'une réelle influence dans les milieux les plus inattendus. Encore une fois, si l'unité allemande avait été scellée à Versailles, en 1871, c'était à Paris qu'en 1914 devait être affirmée la weltpolitik de Guillaume II, et rien n'avait été négligé pour que cette cérémonie eût tout l'éclat nécessaire. Les partitions étaient sur les pupitres, les exécutants à leur place. Il n'a manqué, — et pour cause, — que le signal du chef d'orchestre.

Si bien gardé que soit un secret de cette taille, il est fatal qu'il transpire plus ou moins. A force de creuser le problème et de colliger les indiscrétions, j'avais fini par savoir que le principal centre de l'organisation militaire allemande de Paris n'était autre que la maison Zeiss, sise rue aux Ours, la grande fabrique d'appareils optiques d'Iéna. Il y avait là, en temps de paix, un va-et-vient perpétuel des principaux futurs commandants des districts de Paris, qui emportaient et apportaient des instructions, modifiaient les tableaux de garde, recueillaient et revisaient les rapports de leurs subordonnés. Tellement que ce manège répété avait fini par attirer l'attention des gens du voisinage, qui ne s'étaient pas fait faute de me le signaler. Je l'avais signalé à mon tour, en termes voilés, mais clairs pour qui voulait comprendre, dans *l'Action française*, et, me méfiant du scepticisme en matière d'espionnage qui sévissait avant la guerre, j'avais organisé, de mon côté, une surveillance de la maison Zeiss. Il m'est venu, de ce côté, des renseignements très précieux. C'est par là que j'ai connu, entre autres, le rôle véritable du baron von Pflugk, chargé, en cas d'occupation, de la haute direction des forts de la ceinture de Paris, s'il vous plaît !

Que ceci ne vous étonne pas trop. A la page 387 du numéro spécial de *la Science et la Vie* pour janvier 1915, se trouve le portrait du lieutenant von Oppel, lequel, entrant à Lille le 2 septembre dernier, voulait étrangler incontinent, puis fusiller le préfet du Nord, M. Trépont. Le texte dit : « Un certain von Oppel qui, comme par hasard, avant la guerre, menait à la Garenne, aux portes de Paris, l'existence ouverte d'un placide représentant en lampes électriques, mais cachait son vilain rôle d'espion. » Plusieurs personnes pourront ainsi reconnaître, dans la photographie de ce fusilleur, l'ancien chef de service de la *lampe Osram*, 20, cité Trévise, lequel s'occupait de la comptabilité-marchandise et de la nombreuse correspondance allemande. J'ai consacré tout un chapitre de *l'Avant-Guerre* à l'histoire de cette *lampe Osram*, — aujourd'hui sous séquestre, —

maison allemande s'il en fut, et située, comme par hasard, dans la contiguïté immédiate de l'arsenal de Puteaux. Un autre de ses employés, le sieur Hugo Arndt, directeur technique, disparut dès le premier jour de la mobilisation. A une personne lui demandant quand il reviendrait, il fit cette réponse significative : « Dans un mois ou jamais. » Dans un mois…, c'est-à-dire avec les armées allemandes. Une perquisition faite à son domicile, à Neuilly, amena la découverte d'un nombre inusité de substances servant aux travaux photographiques. Il n'y a plus aucun doute à avoir sur le véritable rôle de Hugo Arndt et de ses compatriotes à Puteaux[1].

Dans la ceinture immédiate de Paris et dans la grande banlieue, les installations toutes prêtes pour emplacements d'artillerie lourde ne se comptent plus. Il était d'ailleurs à prévoir que les préparatifs de Saint-Mihiel et de Maubeuge se trouveraient ici répétés en grand. Je pense qu'après la guerre, l'autorité militaire pourrait faire dresser une carte très instructive des résultats,

---

1. Ainsi donc, voilà deux gaillards, von Oppel et Hugo Arndt, dont le rôle ne peut plus être niable, et qui dirigeaient une usine située dans la contiguïté immédiate de l'arsenal de Puteaux, une usine dont tous les fonds étaient à la *Dresdner Bank* de Berlin. A telles enseignes que, quelques jours avant la guerre, trois millions neuf cent quatre-vingt mille francs — dont on peut trouver trace dans les livres de l'espionnage Osram — ont été transportés a la *Dresdner Bank* a Berlin

à cet égard, de ses patientes investigations. Je citerai, comme modèle du genre, les établissements Phœnix et le matériel d'imprimerie, sis avenue Jean-Jaurès, lesquels possèdent une vaste terrasse en béton armé, avec larges ouvertures donnant sur le local intérieur. Cette terrasse est à 3 mètres d'une importante ligne de chemin de fer, à la même hauteur qu'elle, et à 10 mètres d'une autre. Le directeur de cette usine est actuellement mobilisé dans l'armée allemande. Il se rendait chaque mois en Allemagne.

La puissante société allemande *Allgemeine Elektricitäts Gesellschaft,* institution d'Empire, en relations étroites et constantes avec l'empereur, — elle se faisait appeler ici *Société française d'électricité A. E. G.,* — rayonnait à Paris sur une multitude d'entreprises industrielles. Ses directeurs et chargés d'affaires avaient ainsi libre accès un peu partout et ne se faisaient pas faute de renseigner leur chef suprême, le célèbre doctor Walther Rathenau, confident de l'empereur, qui donnait l'impulsion à toute la machine. C'est ainsi que le bras droit de Walther Rathenau, M. Ernest Thurnauer, bavarois naturalisé américain, du conseil de surveillance de l'A. E. G., portait, sur les cahiers de rapports officiels, son titre officiel de *general direktor der Compagnie française pour l'exploitation des procédés Thomson-Houston, société anonyme Paris.* Ce qui fait que, s'il avait plu à M. Thurnauer, à l'arrivée des Allemands, une grande partie de la locomotion parisienne eût pu être transformée instantanément en auxiliaire sur place de l'ennemi. Ces faits sont patents, contrôlables et ne supportent pas la moindre dénégation ni contestation.

Ce n'est pas moi, c'est M. Schœn, professeur à l'Université, qui constate, dans une brochure célèbre datant de 1909, l'existence à Paris d'innombrables sociétés allemandes et, notamment, d'une filiale de la *Flottenverein*, filiale portant ce titre : *Flottenverein Paris Zweigverband des hauptverbandes deutscher flottenvereine im auslande*. Notez qu'il s'agit ici d'une institution de guerre, centre de ralliement de nombreux espions allemands. Je ne crois pas qu'à aucun moment de notre histoire une situation aussi paradoxale ait été tolérée. Ceci prouve, entre parenthèses, que les plus extrêmes concessions n'assurent pas le maintien de la paix. Aiguisant la convoitise de l'ennemi, elles augmentent plutôt les causes de tension politique et diplomatique. Il faudra, dans l'avenir, tenir compte de cette vérité trop méconnue.

Il y avait à Paris, avant la guerre, deux journaux quotidiens en langue allemande, la *Pariser Zeitung* et la *Pariser Presse*, qui servaient, eux aussi, à grouper leurs nationaux. La *Pariser*

Presse était plus récente et plus hypocritement conçue encore que la *Pariser Zeitung*. La partie la plus intéressante du journal consistait dans les annonces, la plupart rédigées en style convenu et signifiant certainement tout autre chose que ne le supposait un lecteur inattentif et non averti. Le directeur de la *Pariser Zeitung*, un Allemand de la plus belle eau, était arrivé, je ne sais comment, à faire pénétrer sa feuille dans certains collèges et lycées de Paris, sous couleur d'exercices de lecture. Quelques protestations de *l'Action française* eurent raison d'un pareil scandale.

Parmi les correspondants des journaux allemands et autrichiens établis à Paris, deux au moins pratiquaient presque ouvertement l'espionnage. L'un était le nommé Berthold Frischauer, membre du comité d'honneur du monument Zola, qui fut expulsé une première fois sous le ministère Méline et vit ce décret d'expulsion rapporté par Georges Clemenceau. L'autre était le sieur Max Nordau, juif allemand, qui se permit un jour de vilipender les écrivains français dans un ouvrage d'ailleurs illisible, grotesque fatras de tous les potins les plus désuets des concierges de la littérature, intitulé : *Dégénérescence*. Les bruits les plus divers ont couru sur la situation faite à ces messieurs par l'état de guerre. Aux dernières nouvelles, Max Nordau continuait à faire paraître des lettres de Paris dans la presse boche, et l'appartement de Berthold Frischauer était sous séquestre. Voilà certes deux lascars qu'il importerait de surveiller étroitement après la guerre; car ils peuvent compter parmi les ennemis les plus venimeux et les plus sournois de notre pays.

Quiconque analyse les récentes mises sous séquestre, d'après les tableaux officiels publiés par les *Affiches parisiennes et départementales*, est frappé de l'incroyable quantité de transports dits internationaux, de commissionnaires en marchandises, d'agents en douane, d'entrepreneurs de déménagements, que renferment ces listes instructives. Aucun doute que ces sujets allemands, si ferrés sur les transports et passages en douane, sur les valeurs des marchandises, et, par ailleurs, merveilleusement outillés, ne dussent, le moment venu, préparer l'exode vers Berlin des richesses de tout genre, confisquées à Paris. On m'affirme que certains d'entre eux tenaient des bordereaux tout prêts. Il n'y manquait plus que le visa du kronprinz et de von Kluck. C'est d'ailleurs ainsi que les choses se sont passées dans nos malheureuses cités industrielles du Nord, notamment à Roubaix et à Tourcoing, vidées de leurs tissus de laine par l'ennemi. Il est clair que les mesures prises pour Paris devaient être infiniment plus importantes.

Au moment de la marche des armées allemandes sur Paris, quelques jours avant la bataille de l'Ourcq, la police remarqua des signaux nocturnes qui, quotidiennement, partaient des hauteurs de Meudon-Bellevue, et auxquels en répondaient d'autres, venus des rives de la Seine. J'ai de bonnes raisons de croire qu'en effet ce coteau était particulièrement infesté d'espions allemands, établis là sous les masques et dans les métiers les plus divers. D'autres signaux de même nature furent constatés dans les parages des gares de l'Est et du Nord, et enfin, suivant une ligne tendue de Grenelle à Auteuil. Tout permet de croire que, dans cette répartition des points de repère, il y avait une organisation préalable ; mais en dépit de nos efforts et d'investigations forcément limitées, il nous a été impossible de mettre la main dessus.

Enfin, j'insiste sur le très réel danger que faisait courir à la grande ville l'accaparement, de jour en jour plus complet, de l'industrie des produits chimiques et pharmaceutiques par les Allemands. On cite le cas de trois frères, connus dans la droguerie spécialisée, dont l'un s'était fait naturaliser français, un autre, citoyen américain, le troisième conservant la nationalité germanique. Outre que le truquage des produits, en vue de diminuer ou d'éviter les frais de douane, était fréquent et des plus dangereux, outre que la fabrication française était, sur ce terrain, concur-

rencée dans des conditions telles que l'avantage
restait forcément à nos ennemis, je demeure
persuadé qu'en cas de siège de Paris, ces établissements eussent cherché à jeter la panique par
des explosions et des incendies appropriés. C'était
là un des nombreux effets de terreur escomptés,
dans son outrecuidance, par le gouvernement
allemand.

En Seine-et-Oise, dans le voisinage immédiat
de Paris, le plus grand effort allemand s'était
industriellement et commercialement porté vers
la région de Corbeil-Essónnes. Cela ressort de la
statistique des séquestres. Comme il n'y a pas
d'effet sans cause, il y avait à ce groupement, à
ce conglomérat, une raison, et vraisemblablement
d'ordre militaire. Nous avons établi, en effet, que
ce point de vue, pour les installations ennemies
sur notre sol, dominait toute autre considération.
Ici encore la victoire de la Marne nous réduit,
par bonheur, aux conjectures.

PROJET DE DÉFENSE DU PAYS
CONTRE LES MÉNÉES D'AVANT-GUERRE

De ce qui précède, il résulte :

1° Que le grand état-major allemand, de connivence avec les principaux chefs d'industrie allemande, et en vertu d'une entente préalable, avait
méticuleusement préparé chez nous, depuis une

quinzaine d'années, ce que j'ai appelé l'espion-envahissement.

2° Que cet espion-envahissement, dans la pensée de ses organisateurs, devait faciliter de moitié la tâche des armées allemandes.

3° Qu'il l'a facilitée, en effet, sur certains points, et dans des conditions que nous pouvons, dès maintenant, déterminer.

4° Que notre défense, sur ce terrain si important, était, en réalité, inexistante.

Comment organiser désormais cette défense? Voilà la question qui se pose à l'Etat français et qui devra, après la guerre, préoccuper tous les bons citoyens. D'une part, un peu plus tôt, un peu plus tard, ainsi que je l'ai déjà indiqué, les rapports commerciaux et industriels entre la France et l'Allemagne reprendront par la force des choses. De l'autre, il serait absurde et criminel de ne pas tenir compte de la terrible leçon de 1914, qui saigne et saignera longtemps par des centaines de milliers de plaies ouvertes. Nous ne pouvions pas éviter la guerre, cela est aujourd'hui démontré, mais nous devions chercher à éviter l'envahissement, puis l'occupation du territoire et ses funestes conséquences. La forme lente, chronique des hostilités montre aujourd'hui aux moins clairvoyants l'erreur d'un pis aller, d'après lequel il faut commencer par ouvrir à l'ennemi l'accès du territoire national. La difficulté de le déloger devient ensuite proportionnelle aux facilités qu'il s'était aménagées de longue date, en vue, précisément, de cette invasion et de cette occupation.

Ces mesures de défense, pour être efficaces, devront être complètes et immédiatement appliquées.

Complètes..., car tout projet de loi contre l'espionnage, — et nous en connaissons plusieurs dans ce cas, — qui ne réprimerait que l'espionnage isolé, sporadique et en quelque sorte accidentel, serait, contre la forme actuelle de l'espion-envahissement allemand, comme une arquebuse du douzième siècle contre un canon de 75. Une étude approfondie du sujet m'a amené à cette conclusion que la vieille forme d'espionnage avec des agents volants était aujourd'hui presque complètement abandonnée par l'Allemagne. Elle ne le pratique plus que pour donner le change, alimenter une tradition commode, à l'abri de laquelle elle situe et propulse ses agents véritables et sérieux, c'est-à-dire à poste fixe. Ce sont, souvent, d'importants personnages, membres de conseils d'administration de sociétés plus ou moins prospères, ayant une façade, des relations, des appuis. Dans l'état présent des choses, ils échappent ainsi à la surveillance du contre-espionnage, dont les moyens sont fort limités.

Si ces mesures de défense, que je considère

comme indispensables, n'étaient pas appliquées immédiatement après la guerre, dans la période d'affaissement où sera forcément l'Allemagne, elles seraient ensuite combattues par elle avec la dernière énergie. Mieux vaudra éviter ce sujet futur de contestation et d'antagonisme. Sans compter que la mémoire des événements se perd assez vite et que, la paresse aidant, la tendance de nos compatriotes sera assez forte de revenir à l'inertie et à la nonchalance antérieures. Il est si fatigant de se méfier! Beaucoup mettront un point d'honneur à n'être pas accusés « d'espionnite », raillés de « voir des espions partout ».

Donc il importera, non seulement de restaurer de façon ouverte et ostensible dans toutes ses attributions et prérogatives, — supprimées par arrêté ministériel le 5 septembre 1899 et incomplètement rétablies depuis lors, — le Bureau des Renseignements au Ministère de la Guerre, mais encore d'étendre considérablement son champ d'action. Seul un organisme permanent, soustrait à toute influence politique et disposant d'importants subsides, pourra lutter efficacement contre l'organisation permanente et formidable de l'espion-envahissement allemand et décourager des tentatives cherchant à nous remettre dans la situation d'infériorité qui était celle du 21 juillet 1914, quand éclata l'ultimatum de l'Autriche à la Serbie. Ceux qui connaissent l'entêtement, la ténacité orgueilleuse des Allemands savent qu'un échec, même total, ne les a jamais empêchés de reprendre leur effort au point où il avait été brisé. Quelle que soit sa naissance, à quelque tronçon de l'empire qu'il appartienne, l'Allemand a l'espionnage dans le sang. La défaite du début du vingtième siècle ne le guérira pas plus de ce penchant ethnique que ne l'en avaient guéri ses défaites du début du dix-neuvième siècle. Fidèle à la formule de Nietzsche, il soupirera : « Oui, encore une fois », et se remettra à la besogne.

Cette besogne ne pourra pas être sensiblement perfectionnée, ni profondément modifiée. L'établissement de leur avant-guerre en France était, à sa manière, un chef-d'œuvre. Presque rien n'y était omis. La répression future, sans être calquée sur la forme de l'agression, devra d'abord être générale, et aussi nuancée et modifiée selon les cas.

Une première mesure générale devra décider que *tout établissement industriel ou commercial, allemand ou autrichien, où la preuve aura été faite d'un acte d'avant-guerre par la guerre de 1914, perdra le droit d'installation en France, même sous un autre nom, ou par personne interposée.* Il serait en effet inadmissible que la *lampe Osram*, par exemple, après l'histoire de von Oppel et celle de Hugo Arndt, continuât tranquillement son commerce chez nous, à l'abri des cinq ou six stratagèmes qui permettront à une société allemande de se donner comme suisse ou hollandaise ou « bien française ». L'existence, dans une usine, d'une force motrice supérieure à ses besoins, bien et dûment constatée, d'une plate-forme bétonnée, d'une préparation quelconque d'avant-guerre, devra suffire à fermer à jamais les portes de la France à cette usine et à toutes ses filiales, plus ou moins habilement masquées et truquées. Les membres des conseils d'administration des sociétés allemandes et autrichiennes, convaincues de s'être livrées à ces actes criminels, ne devront plus être admis dans aucune société opérant en France et leurs hommes de paille ou prête-nom pourront être recherchés. J'insiste sur cette dernière mesure. Il est en effet certain que le nombre de ces hommes de paille augmentera considérablement après la guerre, dans la même proportion que les manœuvres destinées à dérouter la méfiance publique. Il s'établira, dans ce domaine, un jeu de cache-cache où les poursuivants n'auront le dernier mot qu'avec beaucoup de peine et de zèle, qu'avec l'appui permanent et actif des autorités compétentes. Il n'est pas exagéré de dire qu'avant la guerre de 1914, les industriels étrangers, surtout allemands, installés chez nous, jouissaient de privilèges, de prérogatives et de faveurs exceptionnelles. C'est ainsi que la *lampe Osram*, déjà nommée, put s'installer tranquillement dans la contiguïté immédiate de l'arsenal de Puteaux, que l'usine Merck put élever ses bâtiments à côté du pont de Moscou, la *Karpathische Petroleum* établir un puits à pétrole en contre-haut de la gare de Delle, etc. Bien mieux, les inspecteurs du travail, qui visitaient ces installations ennemies, craignaient toujours, en poussant un peu trop loin leurs investigations, de provoquer quelques réclamations du consulat allemand ou de l'ambassade allemande. J'ai reçu à ce sujet nombre de confidences édifiantes.

Dorénavant *toute demande d'établissement industriel ou commercial, allemand ou autrichien, de quelque importance sur notre sol devra être soumise à une enquête préalable des autorités militaires, correspondant à l'enquête civile « de commodo et incommodo »*. Seules, en effet, les autorités militaires auront la compétence requise pour déterminer l'importance que tel ou tel point, telle ou telle industrie, tel ou tel travail d'art présentent quant à la Défense nationale. Il est absurde qu'une usine allemande, chassée en principe d'une agglomération ou d'un fleuve, dans l'intérêt de l'hygiène, puisse s'établir librement auprès d'un fort, d'un pont, d'un viaduc ou de la voie ferrée, au mépris de l'intérêt militaire. Car le deuxième péril n'est certes pas moins grand que le premier.

Les maisons à succursales multiples, formées à l'aide de capitaux étrangers, quel que soit le

prétexte, quelle que soit la nationalité d'emprunt
dont elles recouvrent leurs empiétements et leurs
acquisitions, devront être particulièrement sur-
veillées à ce point de vue. Leur forme en effet les
rend particulièrement aptes à l'hybridité internationale et procure une confusion, derrière laquelle
il leur est aisé de poursuivre leurs travaux d'espionnage. Un peu d'attention permettra de déjouer
leurs malices, surtout au début, et de faire la
distinction entre celles qui font leurs frais et celles
qui ne comblent leurs déficits annuels qu'à l'aide
de subsides mystérieux. Il y a toute certitude
pour que les secondes soient des entreprises
d'avant-guerre. L'examen de leurs livres, et le
relevé exact et complet de leurs actionnaires et
obligataires, en temps opportun, fournit déjà une
bonne indication. Je recommande aussi l'éplu-
chage méticuleux du personnel, non de celui qui
demeure à poste fixe dans les bureaux français,
mais de celui qui ne fait que passer à des dates
variables, sous couleur d'inspection et de contrôle.
C'est là, en général, que nichent les agents d'exécution. Au moindre soupçon, la Société à succursales multiples lève les bras au ciel et s'écrie :
« Notre personnel est presque entièrement français. Voyez nos pourcentages. » J'ajoute que ce
personnel ordinaire ignore en général le dessein
caché de ses hauts employeurs. Seul le personnel
extraordinaire le connaît.

Avant la guerre de 1914, un pareil exposé semblait à beaucoup de gens une fantasmagorie, une invention de romancier. La guerre a fait la preuve que l'ingéniosité allemande, en matière d'espionnage sédentaire, dépassait toutes les imaginations.

Il est également démontré aujourd'hui, par une expérience qui nous a coûté cher, que la Sûreté générale et la police tout court ignoraient en quelque sorte systématiquement la trame allemande et ceux qui la tissaient. La police civile est forcément plus attirée par des faits accomplis et des crimes consommés que par des menaces suspendues et des mesures préventives. Elle n'a pas, comme l'avait le Bureau des Renseignements, la préoccupation constante de la défense du pays et des projets de l'ennemi. Elle n'est pas engagée dans ce duel latent entre l'assaillant et l'assailli, — qui a été l'histoire des rapports de l'Allemagne et de la France depuis quinze ans, — où les militaires sont forcés d'avoir l'œil ouvert et l'intelligence tendue.

En résumé, la nouvelle forme d'espionnage dite d'avant-guerre, employée par l'État allemand, nécessite un système de mesures préventives plus étendu que celui des mesures répressives. Seule l'autorité militaire est compétente pour connaître de telles mesures, car seule elle a en mains les éléments d'information, seule elle est renseignée à fond sur les nécessités de la défense nationale.

LA DÉFENSE
CONTRE L'ARTIFICE DES NATURALISATIONS

De tous côtés, on se préoccupe, un peu tard, il est vrai, d'élever un barrage contre ces naturalisations « à la Delbrück » qui avaient permis à un trop grand nombre d'ennemis éventuels de s'installer chez nous comme en pays déjà conquis et de préparer les voies aux armées de l'envahisseur. Je vois avec plaisir des journaux officieux comme *le Temps* reprendre un à un tous les arguments que j'avais énoncés à ce sujet dans *l'Avant-guerre*. Quelle sera la forme et la position de ce barrage? Le mettra-t-on dans l'exécutif, dans le législatif ou dans l'administratif? Grave problème, problème d'État et dont la solution, sous le régime démocratique parlementaire, ne saurait être que précaire et transitoire. Car notre pouvoir exécutif est branlant et discontinu, beaucoup plus semblable à ce que les physiologistes appellent un réflexe qu'à un organisme véritable. Notre pouvoir législatif est ouvert à toutes les influences qui lui viennent et lui viendront des mauvais naturalisés. Notre pouvoir administratif peut être vexatoire quant à ses subordonnés, mais il ne peut guère être indépendant quant à ses maîtres, lesquels sont eux-mêmes changeants et capricieux. Comment établir un barrage sur un tas de sable qui s'éboule sans cesse? Il ne peut donc y avoir, en cet ordre d'idées, sous la République, que des solutions d'attente, provisoires, que des précautions.

Les solutions préconisées, si on laisse de côté le problème essentiel et primordial de la forme de l'État, sont en général : 1° l'enquête; 2° le stage. L'administration mènera une enquête aussi sévère et approfondie que possible (?) sur l'impétrant, afin de n'accorder la naturalisation qu'à bon escient. En cas de doute, l'impétrant sera soumis à une attente, à une période d'épreuve, au bout de laquelle on lui accordera son certificat de civisme et de naturalisation. Je demande seulement : qui enquêtera les enquêteurs? Qui nationalisera les dispensateurs de la nationalité française? Qui les garantira contre les tentatives de corruption, contre les influences internationales? Car il est malheureusement certain qu'avant la guerre de 1914 les naturalisations ont été accordées avec une abondance et une légèreté qui autorisent toutes les suppositions. Il n'y a aucune espèce de raison pour que, la crise actuelle une fois passée, les mêmes causes ne continuent pas à produire les mêmes effets, pour que les agents allemands ne recommencent pas à obtenir aussi aisément le « chiffon de papier » qui leur fut si utile. Enfin, la seule période d'épreuve véritable, pour un naturalisé, c'est l'état de guerre entre son pays d'origine et son pays d'adoption. On juge alors, par son attitude, de la sincérité de ses sentiments.

Ainsi je n'aperçois en République que des palliatifs contre cette redoutable formation d'une Antifrance en pleine France, que constitue le flot sans cesse croissant des naturalisés allemands et autrichiens. Ajoutez à ceci que l'Allemagne, même si elle modifiait la loi Delbrück, pourrait toujours, par un accord tacite avec ses nationaux naturalisés chez nous, leur maintenir le bénéfice de l'adage : *semel germanus, semper germanus*. Un de ces palliatifs consisterait dans le refus de la naturalisation ultra tardive, au bout, par exemple, de dix ans de séjour, alors que la demande est visiblement inspirée par un intérêt immédiat, en dehors de toute sympathie réelle pour la nationalité dont on demande à faire partie. Un autre consisterait dans l'établissement de pénalités sévères, au cas de félonie dûment constatée. Mais je ne me dissimule pas l'insuffisance de ces moyens. La naturalisation des étrangers, pour être inoffensive, constitue une opération toujours délicate à laquelle il faut, de toute nécessité, un point d'appui solide, central et permanent, un pouvoir central intégralement nationalisé, en un mot la monarchie héréditaire.

Un troisième palliatif résulterait de la comparution des Allemands et des Autrichiens et en

général des étrangers, sollicitant la naturalisation,
devant un jury à la fois professionnel et régional.
Professionnel, c'est-à-dire documenté sur les
antécédents de ceux dont le cas leur serait soumis ;
régional, c'est-à-dire capable de discerner les intérêts et les contre-intérêts du pays appelé à servir de résidence et de champ d'activité au futur
naturalisé. Sans doute la concurrence technique
cherchera-t-elle à intervenir dans ces juridictions
particulières ; mais l'inconvénient de cette intervention serait infiniment moindre que l'aléa des
naturalisations à la grosse pratiquées avant la
guerre de 1914. Il est clair que l'organisation
syndicale désignerait ces jurys professionnels et
régionaux et leur communiquerait ainsi la vertu
archique, qui lui est, par définition, inhérente.

La contiguïté de l'Allemagne et de la France
ajoute aux menaces de la naturalisation des Allemands chez nous. Cette contiguïté leur permet,
en effet, de demeurer, — comme disent les joueurs,
— à cheval sur les deux tableaux, de miser tantôt
sur l'intérêt allemand, tantôt sur l'intérêt français,
suivant les fluctuations de l'économique et de la
politique et, si la guerre éclate, suivant les fluctuations du sort des armes. Il y a là comme une
prime à la trahison. J'ajoute qu'au cas où un chef
d'industrie, établi en Allemagne, demande sa
naturalisation en France, il y a une forte pré-
somption pour qu'il se serve de cette naturalisa-

tion dans le sens de l'intérêt allemand. En effet, il ne serait pas vraisemblable que le gouvernement de l'Empire, particulièrement sévère en l'espèce, tolérât, sans avoir pris ses cautions, cette solution ambiguë. Je suppose, par exemple, que des commerçants considérables en Allemagne demandent à être naturalisés Français, ils ne pourraient agir ainsi qu'en conformité de vues avec le gouvernement allemand, c'est-à-dire à notre détriment. Leur naturalisation ne serait manifestement qu'une comédie, dont l'Empereur allemand tiendrait les ficelles. Il est prodigieux qu'avant la guerre de 1914 un raisonnement aussi simple n'ait pas été appliqué chez nous et qu'on ait octroyé la naturalisation à des champions avérés de l'impérialisme germanique, de la weltpolitik. Ce sont là de ces fautes terribles qu'il importe de ne pas renouveler. Admettrons-nous désormais dans nos services publics un Allemand même naturalisé Américain? Chaque lecteur me répond : « Évidemment non. » Comment procéderons-nous pour l'empêcher de s'y introduire? C'est ici que la question devient plus embarrassante.

On m'a cité le cas saisissant d'un Allemand, qui possède la naturalisation et un domicile dans une demi-douzaine de pays d'Europe et en Amérique. Cet homme exploite les brevets d'inventions, je veux dire qu'il dépouille les inventeurs, moyennant une faible redevance, et se charge de faire fructifier leurs découvertes. Sa chasse est organisée de telle sorte qu'il est presque impossible à un inventeur pauvre de ne point passer par ses mains. Sa situation privilégiée lui a permis de jouer, dans la guerre actuelle, un rôle fructueux, mais on a la certitude qu'il opère de connivence avec le gouvernement allemand. Une législation bien comprise devrait rendre ces pratiques impossibles.

D'après tout ce que j'ai vu, entendu et recueilli sur ce sujet, au cours d'une enquête de quatre ans, un Allemand installé en France qui reste Allemand, un Autrichien qui reste Autrichien sont beaucoup moins dangereux pour nous que s'ils étaient naturalisés. D'où un quatrième palliatif, qui relèverait, lui aussi, de l'autorité militaire : une surveillance, discrète mais effective, des naturalisés susceptibles d'avoir accès, d'une façon quelconque, dans une industrie, un service, une question intéressant la Défense nationale. Au besoin le conseil discret, mais ferme, serait donné à ces naturalisés de diriger ailleurs leur activité.

SUPPRESSION DES AGENCES ÉTRANGÈRES
DE RENSEIGNEMENTS PRÉTENDUS INDUSTRIELS
ET COMMERCIAUX

Il me semble qu'après la guerre, la suppression pure et simple des agences étrangères de renseignements du type *Schimmelpfeng* s'impose absolument. La preuve est faite que ces agences ne sont que des entreprises d'espionnage. On pouvait s'en douter. Ce serait la dernière des folies que de ne pas trancher le mal dans sa racine.

Chassées de chez nous, la *Schimmelpfeng* et ses similaires essaieront de revenir, sous un faux nom, sous le couvert suisse, américain ou hollandais. Mais une agence de renseignements ne saurait se formaliser de ce qu'on se renseigne sur son compte. De même qu'on fait des cours aux officiers de police sur les ruses en usage chez les malandrins, de même on devra enseigner aux commissaires spéciaux de la Sûreté les quelques supercheries courantes par lesquelles une firme allemande ou autrichienne dissimule sa véritable origine. Ainsi évitera-t-on des alertes désagréables de la dernière heure. Il y a toute une école de subterfuges semi légaux à l'usage des firmes commerciales cherchant à tromper sur leur nationalité véritable. Mais ces subterfuges ne tiennent pas un quart d'heure devant un examen attentif des livres, de la comptabilité et des apports financiers désignés, le plus souvent, sous le nom de « participations ». La méthode allemande consiste à introduire sournoisement et en bloc ces « participations » dans un coin du bilan annuel. Une fois qu'on connaît le mécanisme, rien de plus simple que de le mettre à nu.

Je me suis longtemps demandé comment les industriels, commerçants et quelquefois simples particuliers se prêtaient bénévolement et sans méfiance aux questionnaires de la *Schimmelpfeng* et des institutions analogues. Ces agences tablent sur le désir très honorable de leurs victimes de prouver « qu'elles n'ont rien à cacher ». En dehors même de sa besogne d'espionnage, la *Schimmelpfeng* a ainsi ruiné pas mal de maisons jadis prospères, — qui avaient eu le tort de se fier à ses prospectus, — en favorisant de toutes ses forces la concurrence allemande faite à ces maisons.

Du même coup, il y aurait lieu de reviser avec soin la distribution de ce titre de « conseiller du commerce extérieur », octroyé à tort et à travers aux gens les plus suspects et qui leur permettait ensuite de jeter de la poudre aux yeux. Tous les directeurs de l'agence *Schimmelpfeng* ont été successivement « conseillers du commerce extérieur ». Il y a là une certaine ironie, car ils conseillaient, en effet, le commerce allemand.

LA QUESTION DES CONCESSIONS MINIÈRES

Après la guerre, et le bassin de Briey une fois reconquis sur l'ennemi, l'Allemagne aura plus que jamais besoin de minerai de fer pour son industrie, vu l'effroyable consommation de

munitions et d'outillage militaire qu'elle aura
faite. Notre devoir strict sera, bien entendu, de
lui refuser ce minerai de fer, de dénoncer tous
les contrats d'échange fer-charbon préexistant,
aussi bien pour le bassin de Briey que pour le
bassin de Normandie. Ce sera une façon très
efficace de limiter, par la matière première, les
armements de notre ennemie. Il est, d'ailleurs, à
présumer que l'Allemagne fera des efforts déses-
pérés pour tourner la difficulté et obtenir de nous
du fer, sournoisement, ou des concessions, toujours par personnes interposées. Il y aura là, de
la part des services compétents, un nouveau contrôle à exercer, d'autant plus serré et minutieux
que nous aurons affaire à un adversaire plus
retors et affamé.

Si nous le voulons, si nous faisons le nécessaire pour que cela soit, Krupp, Ehrhardt et
Thyssen doivent mourir d'inanition. Ce serait un
crime contre la nation que de leur fournir le
moyen de s'alimenter en métal à nos dépens. La
nationalisation du sous-sol français est une opération devant laquelle ne pourra plus reculer le
gouvernement, quel qu'il soit, qui aura, au lendemain de la guerre, la charge des affaires et des
réparations publiques.

L'industrie française y trouvera une occasion
de relèvement unique et qu'elle serait coupable de
ne point saisir. Délivrée de l'oppression formi-

dable que faisaient peser sur elle les capitaux allemands, auxquels elle avait eu le tort d'avoir recours, elle pourra contracter des alliances économiques qui compléteront, scelleront dans la paix les alliances diplomatiques et militaires du temps de guerre. C'est ici un vaste sujet, que je ne saurais même esquisser, tant il dépasse les limites de cette simple étude.

Une leçon ressortira de l'affaire de Diélette, dont la Providence nous a heureusement épargné les funestes menaces. Cette leçon tient dans l'axiome suivant : *Qui livre son sous-sol à l'étranger finira, tôt ou tard, par lui livrer son sol.* Quand Thyssen avait obtenu quelque amodiation, ou concession ou participation industrielle en Normandie, il exigeait aussitôt un chemin de fer minier, que les conseils généraux, par faiblesse, se laissaient finalement aller à lui accorder. Bientôt. sous prétexte de cités ouvrières, s'édifiaient des enclaves étrangères dans le voisinage des travaux. Les autochtones se trouvaient peu à peu chassés de chez eux, brimés par cette main-d'œuvre exotique, ces contremaîtres allemands qui parlaient en maîtres. Des rixes, des bagarres avaient déjà eu lieu. Avec le temps, certaines localités fussent devenues complètement allemandes. Il en eût été de même pour certains districts industriels de l'Est, dans le Nord pour Creil, dans cent endroits différents.

La surveillance du littoral et des îles ressort plus spécialement des autorités maritimes. Celles-ci feront bien de veiller dorénavant à ce qu'aucun dépôt de dynamite ne puisse plus, sous prétexte de travaux d'excavation à effectuer, être organisé par l'Allemagne dans le voisinage de Cherbourg. Elle veillerait aussi à ce qu'un juif allemand tel que Kahn — *parti quelques jours avant la mobilisation* — ne puisse plus acquérir la moitié d'une île comme Bréhat. Honneur au docteur Variot et au sénateur Riou qui avaient signalé, les premiers, cette monstruosité!

Plus un kilo de minerai de fer français, plus une parcelle du sous-sol ni du sol français aux Allemands : telle est la formule de demain. Elle paraît simple et facile à suivre, même en temps de guerre. Il est néanmoins démontré, par des faits récents — ne fût-ce que l'occupation et l'organisation du bassin de Briey par l'ennemi — que la vigilance sur ce point essentiel n'a malheureusement pas été exercée ici avant la guerre actuelle.

Mais on ne détruit que ce qu'on remplace. La nécessité d'un immense effort industriel, consécutif à la signature du traité de paix, s'impose à tous les chefs d'usines français. S'ils laissaient passer l'heure favorable, s'ils ne s'organisaient pas à tout prix pour suppléer, par exemple, à la privation prochaine de cet outillage allemand qui les faisait tributaires de notre mauvaise voisine, il ne leur faudrait pas plus de cinq ou six ans pour retomber dans la détestable ornière du passé. Je rappelle ici un grand mot tout récent d'un des rares hommes politiques français, à ma connaissance, qui aient compris l'importance et l'étendue du problème que j'essaie de résumer dans ces pages. M. Pierre Baudin a écrit dans *le Figaro* : « Il faut que chacun se dise chaque jour que, si les anciennes pratiques se renouvellent après la guerre, les Allemands, même vaincus, réaliseront — lentement et sûrement — par la paix la conquête qu'ils ont tentée par les armes. »

LA SURVEILLANCE DES ÉTABLISSEMENTS PLACÉS A DES POINTS STRATÉGIQUES OU IMPORTANTS POUR LA DÉFENSE NATIONALE

C'est encore M. Pierre Baudin, ancien ministre des Travaux publics, qui a écrit : « L'expérience que nous venons de faire nous commande de regarder tout Allemand vivant sur notre territoire comme un espion. » Il ne devra plus être permis qu'une fabrique allemande, même masquée en société suisse ou autre, même avec un directeur hollandais, vienne, comme la *Merck* à Montereau, comme l'*Osram* à Puteaux, comme la *Siemens Schuckert* à Creil, ocouper

un des nœuds vitaux du pays, menacer le voisinage immédiat d'un pont, d'un tunnel, d'un
arsenal, d'une gare indispensables à la mobilisation. Ainsi les autorités militaires se trouveront-
elles délivrées d'un véritable cauchemar. Ainsi
auront-elles, en cas de guerre, les mains libres
pour utiliser d'excellents éléments de territoriale
dans d'autres postes non moins importants.

Pour le reste, il serait bon que, dans toute
organisation industrielle douteuse, bien ou mal
située et employant un personnel étranger allemand, autrichien, ou pseudo-suisse, ou pseudo-
alsacien, des inspecteurs militaires pussent
s'assurer, de temps en temps, que les choses se
passent innocemment. Ces inspecteurs militaires,
qui, dans la circonstance, éviteraient, bien
entendu, de revêtir l'uniforme, auraient toute
facilité pour exiger, non seulement l'ouverture
de toutes les portes, de tous les réduits et l'examen de tous les livres, mais encore le renvoi
immédiat et sans explication de tout employé ou
ouvrier, jugé par eux suspect et dangereux. La
seule existence d'une telle fonction rendrait les
patrons allemands, autrichiens ou pseudo-suisses
ou pseudo-hollandais infiniment plus circonspects.
La même précaution devrait être prise quant aux
hôtels, plus ou moins « palace », qui recéleraient
un personnel allemand, quant aux villas meu-
blées analogues à celles qui foisonnaient sur le

littoral méditerranéen et dans la banlieue de
Paris. Il est si facile d'installer un poste de télégraphie sans fil, si facile de donner asile, parmi
un personnel français, à des « volontaires », ou
à des « auxiliaires », délégués du grand état-
major et de la police de Berlin et de Vienne !

Cette surveillance ne devrait pouvoir être tournée ni déjouée sous aucun prétexte. La preuve
est faite par cette guerre que les grands patrons
allemands pratiquent l'espionnage avec autant de
zèle que les petits. 1914 a fortifié sur ce point,
en l'étendant considérablement, l'expérience de
1870.

Ces visites, irrégulièrement espacées, finiraient
par décourager les agents de l'avant-guerre. Elles
s'appliqueraient également aux usines et terrains
abandonnés, — sous couleur de liquidation ou
de faillite, — dont nos ennemis ont su si bien
jouer aux environs de Saint-Mihiel et de Maubeuge et qui foisonnaient dans la grande banlieue
de Paris.

MESURES PARTICULIÈRES A LA BOURSE

ET AUX AGENCES SUSPECTES

L'ingéniosité allemande se donnant libre cours
dans le trafic d'argent et dans la fabrication de
fausses nouvelles, l'attention des pouvoirs publics devra se porter tout particulièrement sur

ces deux moyens de pénétration et d'action ennemies. Le malheur est que les affinités étroites de la finance et de la politique en démocratie viendront contrecarrer toute action dans ce sens. Quant à un syndicat de financiers français et de journalistes français capable d'intervenir efficacement, je ferai remarquer qu'une association de ce genre est toujours timide. Il y a là une lacune grave que seule la restauration d'un pouvoir central, permanent, héréditaire pourra combler. Il faut ici, comme partout ailleurs, et de toute évidence, répéter l'axiome de Maurras : « Politique d'abord. »

CONTRE LES FERMIERS ALLEMANDS
DANS LE NORD ET DANS L'EST

L'espionnage agricole est un des plus faciles à découvrir. Il devrait exister, pour le fermage, une zone militaire où de solides garanties de nationalité et de patriotisme seraient exigées des cultivateurs. Là encore, des délégués du ministère de la guerre s'assureraient fréquemment que les mesures de précaution sont bien observées, que le « Luxembourgeois » est un véritable Luxembourgeois, que l' « Alsacien » est un véritable Alsacien, le « Lorrain », un véritable Lorrain, qu'il n'y a pas de valet allemand, ni de téléphone dans la cave, que les travaux des champs sont réels, que les frais ne sont pas supérieurs aux bénéfices, que la ferme n'est ni une école de guides allemands, ni un poste d'observation ou d'appui allemand. Certaines agences s'étaient fait une spécialité de ces locations suspectes. J'espère qu'elles seront fermées et que les tenanciers qui tenteront de les rouvrir seront traqués par les tribunaux.

POURSUITE DES CENTRES
DE RALLIEMENT ALLEMANDS A PARIS

Seul un Bureau des Renseignements aux attributions étendues, — tel que celui qui s'imposera demain à la Défense nationale, — pourra connaître et dépister à mesure ces centres de ralliement. Les Allemands employaient à cet effet tantôt un de leurs journaux en langue allemande à Paris, tantôt une maison de commerce — de préférence la maison Zeiss, rue aux Ours, à cause des nombreuses visites d'officiers allemands en activité qu'elle recevait périodiquement — tantôt le siège d'une de leurs nombreuses associations. Ces conciliabules avaient été fréquemment signalés à la police, sans que celle-ci crût devoir attacher quelque importance à ces dénonciations cependant motivées. Il est difficile, à Paris, que des étrangers se groupent et se réunissent sans attirer l'attention des voisins. Il n'en est pas de même en banlieue, où les allées et venues passent aisément inaperçues, où les immeubles isolés sont nombreux. Je rappelle que les sujets allemands ont une aptitude particulière à la dissimulation, au secret politique. Voir à ce sujet le *Livre Jaune* au chapitre des « Avertissements ». Ils peuvent garder un masque solidement attaché pendant des années. Je rappelle aussi que les femmes, notamment les gouvernantes allemandes, sont pour eux, à l'étranger, des commissionnaires et des agents de liaison d'un puissant secours. Attention à fraulein ! C'est surtout chez les fonctionnaires français qu'opérait, avant la guerre, ladite fraulein. Attention aux libraires allemands ! Attention aux maisons de santé tenues par des docteurs de nationalité étrangère ! Il n'y a pas de meilleur endroit de rendez-vous, ni plus propice, qu'un sanatorium, où personne n'est connu ni désigné autrement que par un prénom, où les visites ont toujours un prétexte médical.

QUELQUES REMARQUES
EN MATIÈRE DE PRÉCAUTIONS

Nous sommes partis de l'intellectualisme allemand, pour aboutir aux méthodes de l'envahissement allemand dans notre pays. Je m'excuse auprès des lecteurs des détails dans lesquels j'ai dû entrer, sans cependant épui-

ser le sujet, loin de là, tant il est ample, touffu
et peu exploré. Je crois avoir démontré qu'on
peut lutter efficacement contre les ruses et préparatifs de l'Avant-Guerre. Heureux si ces nouvelles remarques, — venues après la confirmation de tout ce que j'avais annoncé, — ne se
heurtent pas à la même coupable indifférence.
En tout cas, j'aurai fait mon possible pour éclai-
rer mon pays sur la sixième arme de nos ennemis héréditaires : l'espionnage.

Une des racines du mal est dans la constitu-
tion actuelle des sociétés anonymes par actions,
qui offrent un abri commode et discret aux agents
allemands opérant chez nous. Je les comparerais
volontiers, ces sociétés, à des tranchées d'où les
Allemands observent nos travaux commerciaux
et industriels, prêts à intervenir, d'abord par
l'argent, puis par les armes, aussitôt que l'occasion leur paraît propice. Poussant plus loin la
comparaison, je dirai qu'ils avaient, dans ces
tranchées économiques et financières, maints
prisonniers français, — que j'ai proposé d'appeler leurs « embochés » — hommes faibles, avides
et imprudents, dont la situation actuelle n'est
pas commode et risque de devenir encore plus
douloureuse; car il est cruel d'être pris entre son
devoir patriotique et son jeton de présence.
L'unique moyen d'éviter ce conflit sinistre sera
une refonte complète de la loi qui concerne les

sociétés anonymes par actions : soit qu'elle interdise désormais l'apport des capitaux allemands et autrichiens dans des conditions prédominantes, soit qu'elle élimine l'homme de paille, la personne interposée, ce fléau de la Défense nationale, soit qu'elle spécifie, en certains cas, une recherche des éléments constitutifs et de l'origine des « participations » qui ne soit pas un leurre, comme elle l'est aujourd'hui. Une chose est certaine : la guerre aux sociétés allemandes comporte la poursuite des embochés. Quand ceux-ci redouteront d'être dénoncés publiquement par la presse patriotique, ils seront beaucoup moins prompts à entrer dans les entreprises allemandes, à palper les capitaux allemands.

On ne se bat pas seulement en temps de guerre. Même en temps de guerre, on ne se bat pas seulement dans la zone des armées. La lutte que nous a déclarée l'Allemagne, ainsi qu'à presque toute l'Europe, comporte des opérations financières, commerciales et industrielles en temps de paix et une action sourde en temps de guerre, destinée à maintenir l'état antérieur, à permettre aux industriels et banquiers allemands de franchir le mauvais passage. Incapable de rompre sur mer le blocus anglais, l'Allemagne essaie de le tourner sur terre, non seulement chez les neutres, mais, — si outrecuidant que cela paraisse, — en France même, grâce à ses

pionniers antérieurs, qui sont les grands naturalisés, et à leurs créatures. Cette lutte occulte a,
elle aussi, ses von Kluck et ses von Heeringen,
non moins dangereux qu'eux, infiniment plus
sournois. Malheureusement, il nous manque, sur
ce terrain-là, un second Joffre, armé des pouvoirs suffisants pour refouler l'ennemi germain
de l'intérieur et ses comparses. Je ne puis terminer que par un acte de confiance dans la clairvoyance et l'énergie de mes compatriotes, résolus
à faire *tout le nécessaire* pour, — la victoire militaire une fois obtenue, — secouer, définitivement
cette fois, le joug intolérable de l'Allemagne.

TROISIÈME PARTIE

QUELQUES CONFIRMATIONS

SON EXCELLENCE ÉMILE FISCHER

Laissez-moi vous présenter Son Excellence
Émile Fischer, l'un des quatre-vingt-treize « s'ist
nicht war » qui ont signé l'appel des intellectuels boches et qu'a si magnifiquement châtiés
notre ami Louis Dimier dans son ouvrage récemment paru [1].

Émile Fischer est professeur de chimie à l'université de Berlin. Il occupe en Allemagne une
situation scientifique incontestable et incontestée,
analogue à celle que Berthelot occupait en France,
avec cette différence dans l'envergure de l'esprit
et la perspective des travaux qui met toujours le
savant français très au-dessus du savant allemand.
Je n'énumérerai pas ici les travaux de Son Excellence, qui furent d'ailleurs nombreux et variés,
d'autant plus nombreux et variés que Fischer

1. *L'Appel des Intellectuels allemands*, Nouvelle Librairie Nationale. Prix : 2 francs.

excelle à exploiter ses nombreux élèves et à tirer
parti de leurs efforts. On sait comment s'opère
la spécialisation allemande, notamment dans les
applications industrielles et médicales de la chimie. Un tel, élève distingué et dont les capacités
sont reconnues, est attelé à telle série de corps.
Il la suivra, sans dévier d'une ligne, dans son
laboratoire, comme le soldat dans sa tranchée,
chacun des sous-produits qu'il obtient étant ensuite méthodiquement transmis à un autre laboratoire, soit technique, soit de physiologie, où il
sera expérimenté. Ce système a du bon et du
mauvais. Du bon, car il aboutit de temps en
temps à une solution intéressante. C'est ainsi notamment que Ehrlich et Hata sont arrivés à la formule 6o6 de la série arséno-benzol. Du mauvais,
car il fait du chercheur une machine, et, s'il développe l'automatisme intellectuel, il annihile
complètement cette joie de la libre quête à travers
l'indéterminé de la science qu'a si magnifiquement célébrée notre Claude Bernard. Mais ce
n'est point la valeur du système qui est considérée par un Fischer, c'est son rendement.

En effet, Son Excellence Fischer et ses émules
dépouillent littéralement leurs élèves et tirent de
leurs travaux des revenus qui, pour le seul Fischer, ne doivent pas descendre, bon an mal an,
au-dessous de trois ou quatre cent mille francs.
Pendant ce temps, le malheureux zèbre, attelé à

cette besogne forcenée, gagne tout juste de quoi ne pas mourir de faim. C'est en somme le procédé du planteur nègre dans ses plantations, avec les coups, mais aussi le grand air en moins. Les chimistes soumis à ce régime n'ont aucune possibilité de regimber, pour la bonne raison que Fischer a le bras long, d'immenses relations et que celui qui a déplu à Fischer, ou refusé de faire bouillir la marmite de Fischer sur son propre fourneau, n'a plus aucune espèce de chance de trouver ailleurs un emploi. Fructueuses pharmacopées, usines tinctoriales, fabriques, ateliers où l'on réclame des techniciens se fermeront désormais devant lui. On sait que les savants allemands lancent leurs produits comme on lance chez nous les spécialités commerciales. La boutique est une annexe du laboratoire. C'est ainsi qu'encourir la disgrâce de Fischer, quand on a servi sous Fischer, équivaut à un permis de crever. L'hostilité du maître est implacable. Elle est une condition de son enrichissement.

Vous imaginez que, pour un tel gaillard, la guerre devait être une aubaine. Il se promettait mille délices de la curée qu'ouvrait à son appétit une victoire escomptée comme certaine, obtenue par la force des canons allemands. Il faisait partie des millions de corbeaux auxquels, de l'autre côté du Rhin, Guillaume II avait promis notre dépouille. Un comptoir installé sur un charnier,

voilà ce que ces « herren professoren » voyaient
dans la campagne de 1914. Émile Fischer n'y
tint plus. Il sollicita et obtint l'autorisation d'ac-
compagner les armées comme expert. Depuis que
les Boches occupent la Belgique et plusieurs
départements français, Son Excellence, accompa-
gnée de ses esclaves de laboratoire, inspecte
méthodiquement les usines, fabriques et ateliers
des pays envahis, indiquant ce qu'il faut détruire,
ce qu'il importe de respecter, de transporter
immédiatement en Allemagne. Il va, suivi de
ses élèves, flanqué d'incendiaires porteurs de
pastilles fulminantes et d'emballeurs, environné
de camions automobiles sur lesquels on charge
les matières premières, les produits fabriqués.
Naturellement, ce voleur de grands chemins
à lunettes d'or, ce Cartouche habillé en savant, ce
bandit à bonnet carré, prélève sur le butin sa
part, la part du loup. On ne compte plus les
industries ruinées sur son ordre dans nos plus
industrieuses provinces, les usiniers français qu'il
met sur le pavé, les victimes de son pillage scientifique. Il n'est pas le seul. Il a des imitateurs.
Mais c'est lui qui a donné le branle et qui règle
le mouvement[1]. On comprend maintenant pour-

---

1. Lisez l'apologie du pillage méthodique allemand pour le
Nord de la France — système Émile Fischer, — par le journaliste
allemand Ludwig Ganghofer dans les *Nouvelles de Munich* :

Tout le travail s'accomplit en vertu d'un principe ; « Faire venir le

quoi Son Excellence Emile Fischer a signé, l'un
des premiers, — on dit même qu'il a collaboré
au texte menteur — l'appel des intellectuels allemands. Derrière ce boniment, il faisait sa caisse.
Tout en flanquant à la tête du monde civilisé des
arguments de pacotille, il emplissait furieusement
ses profondes. Ce chimiste apparaîtra dorénavant
et demeurera pour la postérité environné de
flammes et d'explosifs, indiquant à la racaille
tudesque les patrons et contremaîtres à fusiller
et les objets à emporter ou à brûler : Fischer ou
le maître de carnage.

moins possible d'Allemagne pour les besoins de l'armée ; tirer le plus
possible du pays ennemi conquis ; et tout ce qui ne peut être utilisé au
pays, le faire passer en Allemagne. »

Pendant trois mois, il a été pourvu aux besoins de l'armée dans la
proportion des quatre cinquièmes par le pays occupé. Maintenant même,
bien que les sources du pays occupé commencent à rendre avec moins
d'abondance, notre armée de l'ouest en tire encore les trois cinquièmes
du nécessaire. Par là, d'après un calcul établi sur la moyenne, il est
économisé à l'Allemagne de trois millions et demi à quatre millions de
mark par jour.

Ce bénéfice de la victoire s'accroît encore des profits de la guerre économique menée, conformément au droit des gens, contre le territoire
conquis, c'est-à-dire par l'utilisation des ressources immenses transpor-
tées de la Belgique et du nord de la France en Allemagne, telles que
prises de guerre, approvisionnements de forteresses, céréales, lainages,
métaux, bois. Ce que l'Allemagne économise ou gagne par cette guerre
économique dirigée avec intelligence commerciale peut s'évaluer journellement à six ou sept millions de mark, et le total des profits rassemblés
par l'Allemagne derrière le front occidental des opérations depuis le
commencement de la guerre peut se chiffrer à environ deux milliards.

Un officier de haut grade me disait, à Saint-Quentin, moitié plaisam-
ment, moitié avec réflexion : « Étonnant, ce qu'un homme peut
apprendre ! En réalité, je suis officier de la Garde du corps de Potsdam.
Maintenant, je fais le commerce du bois et de la laine. Et même avec
succès. »

Je tiens les détails qui précèdent — et qui, d'ailleurs, seront bientôt aisément vérifiables — de gens bien renseignés et qui connaissent Émile Fischer. On savourera mieux maintenant la cruelle ironie de la longue et effarante hésitation de notre Académie des sciences à exclure ses correspondants allemands — dont Fischer. Il eût été assez curieux, après la guerre, de voir Son Excellence Émile Fischer venir siéger parmi ses collègues français, les pieds et les mains ruisselants de sang français, les produits de ses rapines en terre française dépassant encore ses énormes poches.

UNE GUERRE TECHNIQUE ET ORGANISÉE

Les gens les moins clairvoyants finissent par admettre, en France comme en Angleterre, que l'Allemagne nous a fait une guerre à la fois technique et préparée. Cette technicité et cette préparation risquent de prolonger la durée de la campagne. Il serait donc sage d'écouter ceux qui savent de quoi il s'agit, et qui ont déjà donné des avertissements utiles, dont on commence seulement à tenir compte.

La guerre allemande est technique. Les armées allemandes en campagne sont accompagnées de chimistes, de mécaniciens, de spécialistes industriels de toute catégorie qui donnent leur avis, et un avis écouté, sur la nécessité d'utiliser ou de détruire telle firme, telle industrie, tel commerce. Les armées allemandes ménagent ainsi non seulement ceux qui, depuis une quinzaine d'années, leur donnaient en France des gages de soumission, non seulement leurs marchandises nationales, portant le « made in Germany », mais encore telle ou telle branche de fabrication spéciale, dont ils ont besoin pendant la guerre. Ils détruisent, au contraire, systématiquement tout ce qui pourrait leur faire concurrence, tout ce qui, repris par nous, servirait à notre réapprovisionnement. Des faits nombreux et dûment enregistrés qui me parviennent quotidiennement, il ressort que ce choix est fait très minutieusement, et en parfaite connaissance de cause. Les villes de Lille, Roubaix et Tourcoing, tombées aux mains de l'ennemi, sont administrées par des gouverneurs allemands qui exerçaient avant la guerre diverses industries sur place, qui connaissaient tout le monde, que presque tout le monde recevait. On cite les nommés Kastein, Koppel, Otto et Nurnberg. Le bassin français de Briey est administré par des fonctionnaires civils allemands.

Étant technique, la guerre allemande était préparée. Depuis quinze ans, dans chaque branche industrielle, un technicien allemand était chargé officiellement par l'empereur de suivre en France les mouvements de telle ou telle usine pouvant être utile à la guerre ; ou, en temps de guerre, de s'y insinuer, si possible, à l'aide de capitaux allemands : en un mot, de la germaniser.

A cet effet, des capitaux allemands considérables étaient mis à la disposition des techniciens, grâce aux banques allemandes qui foisonnaient en France, à Paris, sous des masques et des noms divers, et dont la banque Allard, de la place de la Bourse était le type le plus caractérisé. Cependant que d'autre banquiers, comme ce bandit de Rosenberg, étaient préposés au lancement et à la surveillance des opérations de Bourse favorables aux visées de la politique agressive allemande. Dès que le voile se lèvera sur l'occupation allemande en France de 1914, dès que les langues se délieront, ce que je viens d'énoncer apparaîtra avec la dernière évidence. On verra aussi combien étaient coupables ceux qui, en France, s'efforçaient de dissimuler à leurs compatriotes les desseins méthodiquement suivis de l'ennemi menaçant.

Pour mener à bien cette guerre technique et préparée, l'Allemagne avait besoin d'entretenir une armée d'ennemis dans la place. Les naturalisés à la Delbrück ont joué ce rôle, et la loi Delbrück de 1913 n'avait pour but que de régulariser la situation de ces espions à domicile. C'est pourquoi on ne saurait avoir trop de mépris pour ceux qui prendraient encore aujourd'hui la défense

des agents allemands et autrichiens qui prépa-
raient la guerre chez nous, sous le couvert de la
naturalisation. C'est pourquoi on ne saurait expédier assez vite vers les camps de concentration
les gaillards qui continuent, dans divers emplois,
à surveiller, écouter aux portes, surprendre des
secrets, petits ou grands, et dont l'intervention,
à un moment donné, risque d'avoir les plus
graves conséquences.

Il est excellent qu'il y ait, en temps de guerre,
une censure de presse, et cette censure fait infiniment plus de bien qu'elle ne risque de causer
de petits dommages à la vanité des journalistes.
Il est infiniment regrettable qu'il n'y ait pas une
censure des emplois civils touchant aux choses
militaires, qui élimine impitoyablement les suspects, les naturalisés en première ligne.

ERNEST THURNAUER

Il faut que je revienne sur le cas d'Ernest
Thurnauer, dit « le Boche de Paris », lequel est
véritablement stupéfiant.

J'ai sur ma table le rapport de l'*Allgemeine
Elektricitäts-Gesellschaft* pour l'exercice annuel
du 1ᵉʳ juillet 1910 au 30 juin 1911. Cette Compagnie électrique est une des plus puissantes et
florissantes institutions de l'empire allemand.

·L'empereur Guillaume II est en relations person-
nelles avec son directeur effectif, Doctor Walther
Rathenau, qu'il appelle, dans le privé, « le cher
Rathenau », et avec les principaux membres du
conseil de surveillance, notamment : Carl Furs-
tenberg, Albert Ballin, directeur de la *Hamburg
Amerika* — dont j'ai souvent parlé à propos
de Cherbourg — et le banquier Ludwig Delbrück. Or, qui voyons-nous, au milieu de ces
prototypes de l'impérialisme germanique ?...
Ernest Thurnauer, *Generaldirektor der Compagnie Française pour l'exploitation des procédés
Thomson-Houston, Société anonyme, Paris.* Je
recopie exactement cet énoncé de titres franco-
allemand.

Ouvrons maintenant l'*Annuaire Chaix — Les
principales Sociétés par Actions* — et l'*Annuaire de
l'Électricité* pour 1914, et nous y verrons qu'en
France, à Paris, cet ubiquiste de Thurnauer
(Ernest), véritable Fregoli des sociétés par
actions, fait partie aussi bien du conseil d'administration de la *Compagnie Générale des Omnibus
de Paris* que de celui de la *Compagnie Française
des Tramways,* que de celui de la *Compagnie
Générale de distribution d'énergie électrique,* que
de celui de la *Compagnie des Tramways de Rouen*[1],
que de celui de la *Compagnie des Tramways de*

____

1. Qui l'aurait éliminé tout récemment.

Paris et du département de la Seine, que de celui de la *Compagnie des Tramways de Lorient*, que de celui de l'*Énergie électrique du littoral méditerranéen*... J'en passe, et des meilleures. Ainsi donc, voilà un Boche important, qui a manigancé l'absorption de la *Thomson-Houston* par cet outil d'impérialisme allemand, l'*A. E. G.*, et auquel a été accordée la haute main sur presque toutes les concessions de traction et de force électrique à Paris et dans les départements!

Ainsi donc, ce Boche important, né en 1862, à *Burgkunstadt* (*Bavière*), ayant la plupart de ses parents officiers dans l'armée allemande, allié à la famille Brettauer, dont la plupart des membres sont officiers dans l'armée autrichienne, conservait ici, à Paris, au début de la guerre de 1914, son poste prépondérant à la *Compagnie Générale des Omnibus!* Qu'on ne vienne pas me dire que Thurnauer est naturalisé américain. Cette formalité de la naturalisation n'est qu'un passeport permanent, qu'une commodité pour ce chef de l'électricité allemande, qui ne lui ôte pas une parcelle de sa nationalité véritable, qui ne le gêne en quoi que ce soit. Ce cas était exactement celui de l'ennemi dans la place, un ennemi formidablement outillé, formidablement renseigné, *quotidiennement renseigné*, et qui avait journellement à sa disposition plus de cent moyens de correspondre avec son intime ami et confident, le Doctor Rathenau, dont la fureur pangermaniste est bien connue.

Si les Allemands avaient pris Paris, comme ils en avaient l'intention, Paris serait vraisemblablement administré aujourd'hui pour le compte de Sa Majesté Guillaume II, par un Ernest Thurnauer, confortablement installé dans *sa* Compagnie Générale des Omnibus.

HIER ET AUJOURD'HUI

Si vous voulez conjecturer le formidable changement de toutes choses qui suivra nécessairement la guerre, vous n'avez qu'à comparer l'état d'esprit du public moyen français quelques mois, quelques semaines, quelques jours avant le cataclysme, et le même état d'esprit à l'heure présente ; vous n'avez qu'à comparer ce qui s'écrivait tranquillement dans la plupart des journaux et ce qui s'y publie aujourd'hui ; vous n'avez qu'à comparer les différences d'attitudes de maintes personnes de votre connaissance, du mois d'avril 1913 au mois d'avril 1915.

Un exemple entre mille. J'ai conservé avec soin les articles de *l'Information* du mois d'avril 1913 par lesquels M. Auguste Pawlowski prenait, de la façon la plus nette, la défense des installations minières allemandes en Normandie. C'était le temps où *l'Éclair* du « patriote » Judet refusait

l'annonce de librairie concernant l'apparition de
l'Avant-Guerre.

C'était le temps où *l'Humanité* protestait contre
« l'imbécile hypothèse d'une agression allemande ». C'était le temps où certains parlemen-
taires socialistes et radicaux-socialistes, d'une
part, certains salonnards et libéraux de l'autre,
séparés pour la galerie « par toute l'étendue de
leurs convictions », se réconciliaient de la façon
la plus *touchante* au sein des conseils d'administration des sociétés boches installées chez nous à
fin d'espionnage. Le signataire de ces lignes,
ayant dénoncé, dès l'époque, un certain nombre
d'espions allemands et d'embochés desdits espions,
était traité couramment d' « énergumène » et de
« romancier », par les amateurs d'un état de choses
qui a failli coûter la vie à la patrie. D'autres,
allant plus loin, insinuaient que le nommé Daudet, pour mener cette campagne, pouvait être à la
solde de concurrents jaloux. Car il y a toujours
des gens pour prêter à d'autres leur ignoble état
d'esprit. Malheureusement, ces prudents calom-
niateurs s'évanouissaient aussitôt qu'on les priait
de préciser leurs insinuations. D'autres venaient
au journal me faire perdre mon temps pour me
raconter que Uhde était un aimable compagnon,
que Mumm était un charmant homme, que tel
ou tel Boche aimait passionnément la France. Je
les envoyais coucher, et comment !

Quant à M. Auguste Pawlowski, il écrivait
dans sa série d'articles de *l'Information* sur la
Normandie minière ces lignes mémorables :

Un homme devait, par son geste, retourner les esprits.
Cet homme, qui incarne tout le génie germanique, fait
d'audace et de persévérance, s'appelait Thyssen.

Et un peu plus loin, cet admirateur du « génie
germanique » ajoutait :

Lorsqu'on envisage en toute impartialité le passé, on
doit reconnaître que l'intrusion de la métallurgie allemande dans l'ouest minier a eu un double avantage : elle
a permis la mise en valeur de concessions qui auraient
infailliblement été abandonnées; et, d'un autre côté, elle
a provoqué une nouvelle campagne de recherches qui
s'est étendue non seulement à la Normandie, mais encore
à l'Anjou et à la Bretagne,

M. Auguste Pawlowski oubliait un troisième
avantage : celui qui permettait à Thyssen de
fondre, dans un métal tiré du sol français les
canons, obus, mitrailleuses, coques de cuirassés
et de sous-marins de la guerre actuelle. M. Pawlowski concluait :

Dans ces conditions, la campagne contre la sidérurgie
germanique est non seulement injuste, mais très contraire aux intérêts de la France.

N'est-ce pas que ces textes prennent une sin-
gulière valeur à la lumière des événements actuels?
Je les cite ici, non pour confondre M. Auguste
Pawlowski, mais pour montrer l'abîme ouvert

entre avril 1913 et avril 1915. Le juif boche Henri Heine chantait avec accompagnement de Schumann :

Chansons et rêveries, je porte votre deuil.
Le temps vous a flétries, qu'on cherche un grand cercueil.

Hélas ! pourquoi faut-il que tant d'autres cercueils, nullement figuratifs ceux-là, représentent maintenant la rançon de tant d'erreurs accumulées?

C'était le temps où l'on déclarait du haut de la tribune que *Diélette* — la mine sous-marine de Thyssen — était une entreprise « bien française ». Il suffisait cependant d'ouvrir le premier annuaire venu des sociétés par actions pour apprendre que la concession de *Diélette-Flamanville* avait été octroyée à trois Allemands, MM. Thyssen, Rabes et Horten, auxquels était adjoint un Français, M. Solacroup.

Jusqu'au 1er août 1914, le peuple français ne savait pas, ne voyait pas, n'entendait pas, ne comprenait pas. Beaucoup d'embochés vivaient de son aveuglement et de son ignorance, touchaient, sous une forme quelconque, de gros revenus dans ces entreprises allemandes qui n'étaient que le jalonnement des futures armées allemandes prêtes à envahir notre territoire. Depuis la guerre, le peuple français voit, sait, entend et comprend. Cela, c'est déjà une grande victoire.

Voici par ailleurs en quels termes dithyrambiques le journal *La Cote*, dans une feuille spéciale, célébrait les beautés et les avantages de la *Société*, dite « *française* », *des Mines de Fer*, société en réalité hollando-allemande, de Poorter-Krupp :

SOCIÉTÉ FRANÇAISE DES MINES DE FER

Peut être considérée comme une des plus puissantes du bassin minier de la Normandie auquel le public commence à s'intéresser et où elle s'est assuré quatre concessions : Jurques, Bourberouge, Mortain et Ondefontaine, d'une superficie totale de 3 711 hectares; exploite en outre la mine de Marouania, située en Algérie, près de Bône.

A été constituée en décembre 1908 par une maison Jos. de Poorter, de Rotterdam, universellement connue dans le monde entier.

Capital : 5 000 000 de francs, dont 1 million d'apports; ceux-ci sont représentés par Marouania, laquelle donne tous les ans plus de 300 000 francs de bénéfices.

Trois années ont été consacrées à la mise en exploitation des Mines normandes et les dépenses faites sont considérables :

1 200 000 francs environ à Jurques;
1 400 000 francs environ à Bourberouge;
400 000 francs environ à Mortain.

Les installations peuvent d'ailleurs être considérées comme un modèle du genre.

La période d'installation touche à sa fin et celle de la production est commencée.

A Jurques, 1 500 000 tonnes de minerai sont en vue et la mine produira 100 000 tonnes en 1912.

A Bourberouge, le tonnage est évalué à 50 000 000 de

tonnes au minimum et est probablement beaucoup plus élevé ; la production en 1912 atteindra 75 000 tonnes.

Mortain, dont le tonnage vaut celui de Bourberouge, sera sur le pied de 125 000 tonnes à la fin de l'année.

Quant à Ondefontaine, son installation commencera dès que les formalités administratives de son acquisition seront terminées.

Ces chiffres eux-mêmes sont ceux de début et il faut prévoir que la production de Bourberouge et de Mortain sera rapidement poussée à trois cent mille tonnes pour chacune de ces mines sans compter celle d'Ondefontaine.

. . . .

. . . .

En résumé, il s'agit d'une affaire très sérieusement établie et gérée qui a devant elle des perspectives d'avenir considérables ; la création de hauts fourneaux en Normandie, décidée à Caen, projetée à Granville, prouve à l'évidence l'importance des gisements miniers de Normandie dont certains avaient douté jusqu'ici ; nous ne dirons pas qu'elle leur assure un débouché, car celui-ci est largement ouvert par la proximité de la mer et l'exportation. On a comparé la Société française des Mines de fer aux affaires de charbonnages du Nord et du Pas-de-Calais qui ont donné la fortune à ceux qui s'y sont intéressés à l'origine ; sans aller jusque-là, on peut dire qu'à raison de l'accroissement prodigieux des emplois du fer, l'avenir appartient aux entreprises qui se sont assuré des concessions importantes et qui sont placées dans les conditions économiques nécessaires pour les exploiter.

L'action est l'objet de demandes suivies au cours de 156 francs.

En somme, les Allemands, dans ces affaires de mines normandes, comme dans toutes leurs autres affaires de pénétration en France, tablaient sur deux éléments :

1° L'appât du gain, la cupidité pure et simple des gogos ;

2° L'ignorance et l'aveuglement des pouvoirs publics.

Il est intéressant de constater qu'ils avaient soin d'introduire dans leurs conseils d'administration, à côté de députés, de sénateurs, de publicistes influents, des conservateurs ou libéraux, voire de simples salonnards, considérés comme appâte-nigauds et comme paravents à la fois. Il y aurait une étude spéciale à faire, après la guerre, sur ces deux catégories d'embochés, que mes révélations de *l'Avant-Guerre* eurent naturellement le don de mettre hors d'eux. En attaquant les maisons allemandes établies en France à fin d'espionnage, en levant le masque de celles qui se présentaient comme « bien françaises » ou « suisses » ou « franco-suisses » ou philanthropico-suisses, je retirais à ces nécessiteux le pain de la bouche ou plutôt le jeton de la poche.

Comme exemple de naïveté, du côté français, je citerai textuellement, et sans un seul mot de commentaires, un bout de dialogue tiré de l'Assemblée générale extraordinaire du 31 janvier 1914 des *Hauts Fourneaux et Aciéries de Caen*, qui étaient une des tentatives de la mainmise de Thyssen sur la Normandie. Les amateurs trouveront ce texte caractéristique à la page 21 du compte rendu publié chez Cadot-Kugelmann, 12, rue de la Grange-Batelière à Paris :

« *L'actionnaire*. — Ce sur quoi il importe d'insister, c'est la première critique dirigée contre cette affaire, dont j'ai, d'ailleurs, toujours été partisan, alors même que je n'étais pas actionnaire. On a dit qu'il s'agissait là d'une affaire allemande. Messieurs Thyssen ont montré beaucoup de bonne volonté en réduisant leur participation à 25 p. 100 dans l'affaire des Hauts Fourneaux. Mais, lors d'une augmentation du capital, si les actionnaires français ne souscrivent pas suffisamment, ne pourrait-on dire que c'est la firme Thyssen qui arrivera à former ce capital, de sorte que, tout en ayant réduit ses prétentions à 25 p. 100, elle possédera finalement la majorité des actions ?

« *M. le Président*. — La question est un peu délicate et vous me permettrez sans doute de dire que ce n'est peut-être pas le lieu pour exposer de telles négociations dans tous leurs détails. Je suis, sur cette question, en complète communauté de vues et d'intentions avec mes collègues, Messieurs Thyssen. »

De semblables citations pourraient être multipliées presque à l'infini[1].

____

1. Seuls, dans la presse parisienne, MM. Louis Bruneau, auteur de *l'Allemagne en France*, — chef-d'œuvre de bonne foi

LES ESPIONS MUMM ET LE SUPPLICE DE REIMS

Eh ! oui, messieurs les embochés, nous allons nous occuper à cette heure un peu et beaucoup de votre cher kamarate Hermann von **Mumm**, lieutenant de réserve de l'armée allemande, attaché au grand état-major de Guillaume II, marchand de champagne, amateur d'aviation militaire et possesseur d'une écurie de courses en France, utilisant tantôt ses chevaux, tantôt son commerce de champagne pour les besoins de l'espionnage. Car Hermann von Mumm était à la Champagne ce que Uhde était au littoral méditerranéen : un chef important d'avant-guerre. La liste de ses exploits dans ce genre est considérable. Je citerai les principaux. Un moment, la rumeur publique prétendit qu'il était fusillé. Rassurez-vous, sensibles embochés, il n'en était rien. Très haut et puissant seigneur Mumm était simplement dans un camp de concentration en Bretagne, entouré d'un nombreux domestique, prenant des bains de mer, menant large vie d'archimillionnaire et déclarant à qui voulait l'entendre qu'il optait pour

et de précision, — et Bertal, notre vaillant confrère de *la Liberté*, avaient fait écho à ma campagne contre l'envahissement de la métallurgie allemande en Normandie. Mais, en Normandie même, le *Moniteur du Calvados* avait vaillamment fait son devoir contre l'ennemi.

la nationalité française, qu'il adorait la France,
qu'il réprouvait la guerre... et autres propos
habituels. aux espions dont le rôle était fixé à
l'intérieur de notre pays par le diligent état-major
allemand. A ceux-là l'Empereur et le haut commandement avaient donné comme consigne :
« Jusqu'au bout. » On avait ajouté pour les ras-
surer : « Ce n'est qu'une affaire de quinze jours.
Le 16 août, au plus tard, nous serons à Paris. »
L'espion von Mumm était de ceux qui avaient la
foi la plus ancrée dans le triomphe certain et
rapide des armées allemandes. Leur désastre sur
la Marne, grâce à notre grand Joffre — le Joffre
de la Revanche — a dû être pour lui, comme
pour ses pairs, un effondrement.

Mais il faut que je vous présente Hermann
von Mumm, l'espion type, l'espion huppé, l'espion mondain, sur lequel aucun commissaire de
police n'eût jamais osé porter la main, devant
lequel s'inclinent profondément un certain nombre
de salonnards, car il possède de si belles relations ! C'est un Boche de trente-cinq ans environ,
de visage glabre, affectant les allures froides du
gentleman américain, de corps dégingandé bien
que portant beau, ayant toujours une bonne affaire
en portefeuille pour un joueur momentanément
gêné, qui deviendra ainsi, en quelques minutes,
son obligé, puis son féal. Son domicile était à
Reims, *29, rue du Champ-de-Mars*, antérieure-

ment, *17, boulevard Lundy*. Je n'en décrirai pas les somptuosités, bien connues de tous les Rémois. A Paris, cet homme important habitait *43, avenue du Bois-de-Boulogne*. Il possédait encore une magnifique résidence à Vauxdétré, par *Warmériville*, dans la Marne. Mais il était le plus souvent par monts et par vaux, parcourant, dans l'une de ses nombreuses automobiles, les routes de la Champagne et du nord-est. Vous saurez pourquoi tout à l'heure.

Autour de lui, veillant sur lui, le protégeant contre les indiscrétions problématiques d'un contre-espionnage, hélas! bien médiocrement outillé, montait la garde une valetaille stylée, composée uniquement de sujets allemands, la plupart ayant grade de sous-officier et appartenant presque tous à des régiments de uhlans. En outre, Mumm recevait des visites très fréquentes d'officiers allemands. Ceux-ci s'installaient chez lui, se mettaient rapidement au courant du placement des vins de Champagne ou de questions concernant l'exploitation : achats de terrains, de carrières, de vignobles, etc. Ainsi avaient-ils désormais un bon prétexte pour parcourir la région, repérer les emplacements favorables à la guerre décidée et imminente, préparer les gîtes d'étape et aménager les tranchées. Ce que la maison d'optique Zeiss, d'Iéna, sise à Paris, rue aux Ours, était pour le grand état-major allemand, la maison Mumm l'était à Reims : un centre d'espionnage opérant presque à découvert, grâce au bon prétexte du commerce des vins, auquel le misérable adjoignait celui d'une écurie de courses. On voit ainsi avec quelle diversité méthodique procédaient les Boches, choisissant dans la capitale une fabrique d'optique, dans la Champagne une maison de commerce, sur le littoral une propriété particulière — celle de Uhde — comme points de groupement et de concentration de leurs agents d'avant-guerre.

Le résultat des opérations de Mumm autour de Reims permettra qu'on juge de leur importance. Si les Allemands ont pu s'incruster solidement dans cette région en forme de V majuscule, c'est grâce aux savantes préparations d'Hermann von Mumm, de son petit état-major et de ses innombrables sous-ordres. Quand il sera possible, après la guerre, de réunir et colliger tous les témoignages, on sera stupéfait de voir avec quelle sûreté et quelle précision avait procédé la bande à Mumm. Chacun de ses agents gardait un rôle limité et fixe et était tenu, afin d'éviter les indiscrétions, dans la demi-ignorance du plan général. Les armées allemandes ont trouvé là tous les aménagements possibles, des abris remarquables, des terrasses bétonnées pour l'artillerie lourde, jusqu'à des carrières garnies de munitions. Le lieutenant Mumm a joliment mérité l'ordre « pour le mérite ». L'ironie eût été complète s'il avait pu y joindre un décret en bonne et due forme et *post bellum* de naturalisation française et poursuivre en diffamation devant les tribunaux français — tel l'espion Uhde — les journalistes coupables d'avoir entravé son innozant gommerze de vins!...

Il est permis de se demander quelles influences ont soustrait ce criminel doré aux justes rigueurs du conseil de guerre. A-t-on craint qu'il fût difficile d'établir que nous lui devions la dévastation de toute une région et l'état d'occupation qui dure encore? Cependant, si j'en juge par le dossier qui suit, les langues ne demandaient qu'à se délier et il n'était pas fort malaisé de recueillir de partout les plus indiscutables renseignements. Je répète que Mumm avait acquis, au cours de sa longue pratique, un tel sentiment de l'impunité qu'il opérait presque ouvertement.

Le kamarate Kessler. — Guillaume II avait, paraît-il, coutume de déclarer dans l'intimité qu'après l'annexion, il ferait « le cher Mumm » prince de Champagne. J'ai dit que cet espion avait une écurie de courses. Celle-ci lui servait à pénétrer dans divers milieux mondains, à s'y créer des relations, voire des obligés, qui le représentaient ensuite à qui mieux mieux comme

un homme serviable et inoffensif. Il y avait, en
effet, un grand nombre de poires en Champagne,
presque autant de poires que de ceps de vignes.
Mumm s'associait avec des propriétaires connus,
gens fort honorables, mais d'une naïveté et
d'une confiance stupides, pour partager des prix.
Il vendait la moitié de la valeur d'un cheval lui
appartenant à une personne qui en avait envie,
ou pratiquait l'opération contraire, achetant la
moitié de la valeur d'un cheval à une personne
qui voulait s'en défaire. Grâce à ce genre d'opérations, von Mumm se trouvait en rapport avec
beaucoup de braves gens ou de gens moins braves,
susceptibles de lui servir ensuite, en cas d'alerte,
de garants, de truchements et de paravents.
Il savait, certes, qu'il y aurait un moment
pénible à franchir, au jour de la déclaration
de guerre; mais il comptait sur ses embochés
pour l'aider à aplanir les difficultés, lui permettre
de demeurer sur place et de servir jusqu'au
bout les intérêts du Kaiser et de l'Empire.
L'événement a prouvé qu'il n'avait pas eu tout à
fait tort.

J'ai eu entre les mains de ces contrats franco-
boches. Je tairai charitablement les noms de
ceux qui s'y trouvent compromis dans la société
de l'espion Mumm. J'ajoute que Mumm donnait, de temps en temps, des fêtes somptueuses,
de ces fêtes qui figuraient ensuite, avec d'impo-

santes listes de ¹noms, dans les *Mondanités* du *Gaulois*. Ainsi accumulait-il des alibis, en prévision du grand coup de chien, sans cependant — ce qui est assez bizarre — solliciter la naturalisation française. Sans doute redoutait-il qu'un minimum d'enquête à fin de naturalisation — Dieu sait cependant si ces enquêtes étaient sommaires et bâclées ! — ne vînt révéler certains détails, un peu forts en café allemand.

Voici donc comment l'espion Mumm procédait pour placer des gens à lui aux bons endroits et leur faciliter la surveillance de certaines sociétés de sport, pour le coup vraiment françaises. Les documents que je cite ici sont rigoureusement authentiques.

Un protégé de Mumm, son secrétaire particulier, logé chez Mumm, sujet suisse, mais espion certain, fait la demande suivante :

29, rue du Champ-de-Mars.

Reims, le 18 février 1914.

Messieurs,

J'ai l'honneur de venir vous demander de bien vouloir m'accorder, pour l'année 1914, l'autorisation de.....

Je réside depuis plus de trois années en France.

Je vous remets, ci-inclus, un extrait de mon acte de naissance.

Veuillez agréer, Messieurs, etc.

Signé : WALTER KESSLER.

De son côté, von Mumm apostillait ainsi la demande de son secrétaire :

Reims, 16/2, 1914.

Messieurs,

Monsieur Walter Kessler, qui désire vous demander..... m'est personnellement et très honorablement connu et je me permets de le recommander à votre bienveillance.

Signé : H. DE MUMM.

Cette recommandation, d'un formidable aplomb, on en conviendra, est écrite entièrement de la main de l'espion Mumm.

Voici maintenant, d'après des renseignements recueillis d'une façon sûre et autorisée, et qui ne sauraient être démentis, les antécédents du protégé de l'espion Mumm. Je copie textuellement :

Le nommé Kessler (Walter) est né à Galgen (Suisse) le 8 novembre 1888. Célibataire, il est employé chez un sieur V. H... Paul (citoyen belge) qui est actuellement locataire de la ferme des Aigles, à Gouvieux (Oise), depuis avril 1912. — [Cette ferme appartiendrait à des Rothschild.]

Kessler est au service de V. H... depuis longtemps déjà. Il n'habite pas continuellement à la ferme des Aigles. Il loue, pour 300 francs par an, une petite chambre très modestement meublée, avenue Kléber, à Paris, depuis trois ans. A cette adresse, on le dit secrétaire d'un négociant de Chantilly, très modeste employé qui ne semble pas être dans l'aisance. Il s'absente fréquemment pour faire des voyages d'affaires. Actuellement il est en Allemagne et doit rentrer dans quelques jours.

A la ferme des Aigles, il y a actuellement deux chevaux de course. Kessler prétend qu'ils lui appartiennent et c'est aussi l'avis des personnes qui le connaissent.

La note confidentielle ajoute que Kessler et d'autres de ses camarades *semblent vouloir se cacher de leurs voisins, qu'ils sont en relations suivies avec des agences de jeu et des sociétés de courses étrangères, principalement en Allemagne, et ne paraissent pas jouir d'une grande considération.*

Le certificat de naissance de Walter Kessler, rédigé entièrement en allemand, constate qu'il est né à *Galgenen,* en Suisse, le 8 décembre 1864, qu'il a été élevé à l'étranger, qu'il est en possession de tous ses droits de citoyen et qu'on n'a aucune plainte contre lui.

Mais, encore une fois, pourquoi Mumm s'intéressait-il tellement à l'admission de Kessler dans la société française en question?

H. M. M. B. A. — La confiance et la stupidité des amis français de Mumm dépassaient tout. Car nul ne pouvait ignorer que cette Krapule de von Mumm, en sa qualité de « cadet de bonne maison », avait reçu des mains de Guillaume II les fonds nécessaires à l'agrandissement de sa maison de commerce-espionnage à Reims, en Champagne et dans la région. Je possède le mirifique menu d'un dîner de gala offert par ce misérable, couvert du sang de tant de nos soldats, le

23 mai 1914, au Pré Catelan, aux membres de
H. M. M. B. A. Qu'est-ce que cela, H. M. M. B. A ?
Cela veut dire Honorez Mumm Militaire Bien
Alboche ? Je n'en sais rien. Ce que je sais, c'est
que les « feuilletés thermidor » y alternent avec
les « médaillons de foie gras grand-duc » et les
« cœurs de filet Iman Bayeldi ». Les deux marques
de la boîte champagne d'avant-guerre, le cordon
rouge et le cordon vert, encadrent ces delikatessen
et somptuosités gastronomiques. Il semblerait
équitable de pendre Hermann von Mumm à ce
cordon rouge.

Dans les premiers jours de septembre, le
sauvage ivre, général von Manteuffel, pénétrant
comme un furieux chez un marchand de champagne connu, français celui-là, vociférait :
« Qu'afez-vous fait de mon beau-frère Mumm ? »
Le bruit courait alors que Mumm avait été fusillé,
ce qui n'eût été que justice. En réalité Mumm,
grâce à ses innombrables protections, avait été
transporté, avec tous les ménagements possibles,
dans une ville éloignée des opérations militaires.
On lui permit de loger à l'hôtel le plus confor-
table. Le bandit commença par exiger tout l'hôtel
pour lui seul. Il finit par se contenter de deux
magnifiques appartements. Pendant ce temps, les
cadavres des nôtres, amoncelés par ses soins,
couvraient les champs de bataille de la Marne.
Payant d'audace, le « chandilhomme » espion

avait, au moment de son arrestation, réclamé à grands cris sa naturalisation *in extremis*, protesté qu'il aimait la France et que toutes ses affaires étaient en France ! Il escomptait ainsi l'arrivée victorieuse des Allemands et le poste de général à la « Kommandatur » de la bonne ville de Reims. Il lui fut répondu que la demande était trop tardive et qu'on se voyait obligé d'abriter sa précieuse personne dans un camp de concentration. Je puis certifier à Hermann von Mumm qu'il est extrêmement heureux, pour lui et sa horde de serviteurs espions, que le signataire de ces lignes n'ait pas été chargé, pendant la durée de la guerre, de la répression de l'espionnage. Ni l'un ni les autres, j'en réponds, ne mangeraient plus beaucoup de « cœurs de filet Iman Bayeldi ».

LE KAMARATE MAUS. — Hermann von Mumm n'opérait pas seulement dans les salons de Paris, dans sa bonne ville de Reims et dans la région avoisinante ; il avait encore un centre de surveillance à Chantilly. Avec autant d'insistance que j'en mettais naguère — et inutilement — à signaler aux autorités compétentes les fermes de la Woëvre occupées par des Allemands, je signale aujourd'hui à ces mêmes autorités la *ferme des Aigles*. Je leur signale aussi le monde louche de maquignons juifs, mâtinés d'Allemands et de

Hongrois, d'entraîneurs marrons qui avaient obtenu, je ne sais trop comment, à la suite de bizarres services rendus dans le commerce et le trafic des chevaux, des laissez-passer spéciaux et permanents pour Chantilly.

Je vous présente le nommé Auguste Maus, de la *ferme des Aigles*, près Chantilly. Nous avons vu Hermann von Mumm recommander Walter Kessler, qui logeait chez lui avant d'habiter à la *ferme des Aigles*. Nous voyons maintenant — suivant le procédé allemand de l'espion recommandant l'espion — Walter Kessler introduire à son tour Auguste Maus.

5 octobre 1912.

Ferme des Aigles
Chantilly (Oise)
(Téléph. 9.57 Chantilly).

Monsieur,

J'ai l'honneur de vous demander de bien vouloir m'autoriser à faire courir ma pouliche *Luzanille*, le 6 octobre, dans le prix de la Retraite, bien que n'ayant pas d'entraîneur actuellement. Indécis dans mes plans et absent, j'ai perdu du temps avant de me décider à confier cette pouliche et les autres chevaux que j'ai l'intention d'acquérir à M. A. Mauss, lequel a sollicité sa licence d'entraîneur.

Vous remerciant par avance, veuillez agréer, Monsieur, l'expression de mes sentiments distingués.

WALTER KESSLER.

Quelques jours auparavant, Auguste Maus adressait à qui de droit la lettre suivante :

Chantilly, le 24 septembre 1912.

J'ai l'honneur de solliciter de votre bienveillance l'autorisation d'entraîner en vue des courses régies par le code des courses pendant l'année 1912.

Je vous envoie ci-joint la liste des chevaux que j'ai sous ma direction, ainsi que le nom des propriétaires de ces chevaux. Je m'engage, le cas échéant, à vous signaler sous pli recommandé dans les délais prévus par l'article 5 du chapitre XXII du code des courses les mutations qui pourraient se produire dans l'effectif de mon écurie et, conformément au paragraphe 1er de l'article 2 dudit chapitre, à souscrire une nouvelle demande si dans le cours de l'année je prends sous ma direction des chevaux appartenant à d'autres propriétaires que ceux indiqués par la présente lettre.

Veuillez agréer l'expression de mes sentiments respectueux,

A. MAUS.

Nom, prénoms: Maus, August.
Lieu de la naissance : Calcum.
Date de la naissance : 8 octobre 1880.
Nationalité : Allemande.

J'ai fait mon apprentissage de cinq ans chez l'entraîneur W. Plüscke à Hoppegarten, de 1897 à 1902.

Mon numéro du livret de travail est 833 à l'Union Klub Schadow-Strasse, 9, Berlin, N. W.

J'ai travaillé en dernier lieu chez M. W. Webb, Chantilly. Certificat tout à fait en règle.

A. MAUS.

Chantilly, le 24 septembre 1912.
Ferme des Aigles.

Mais én même temps — *chose fort intéressante,
et qui prouve bien la complète connivence de Maus
avec l'autorité·allemande* — Maus sollicitait et
obtenait le permis suivant, dont la première
phrase signifie : *par la présente, nous certifions
que nous ne faisons aucune objection à l'obtention
en France de votre permis d'entraîneur...* Je te
crois ! Les gaillards étaient de mèche.

General-sekretariat
des
Union-Klub

Berlin, den 2. Oktober 1912
(NW. 7), Schadow-Strasse 9

—

Telegramm-Adresse :
Hippokerdos

—

Herr August Maus,
Pr. Adr. : Ferme des Aigles,
Chantilly.

Hierdurch bestatigen wir, Ihnen, dass gegen die Ertei-
lung der Trainier-Erlaubnis in Frankreich hier keine
Bedenken vorliegen. Das uns eingesandte Dienstbuch,
sowie Schreiben vom 27, vg. Mts. folgt anbei zurück.

General-Sekretariat des Unions-Klub.

I Dienstbuch.
I Schreiben.

Voici maintenant la feuille du registre d'immatriculation communal concernant ce très habile
espion :

RÉPUBLIQUE FRANÇAISE

N° 714

DÉPARTEMENT DE SEINE-ET-OISE

Arrondissement de Versailles

Commune de Rueil

Extrait du registre d'immatriculation
(Application de la loi du 8 août 1893)

En exécution de la loi du 8 août 1893, par-devant nous, Maire de la Commune de Rueil, s'est présenté le sieur :

Nom et prénom : Maus (Auguste).
Lieu de naissance : Calcum (provinces rhénanes).
Date de naissance : 8 octobre 1880.
Nationalité : Allemande.
Fils de : Édouard.
Et de : Kalus (Émilie).
Marié ou veuf : Célibataire.
Marié à (1).
Enfants (2),

lequel nous a déclaré être arrivé le 6 février 1904, dans cette commune pour y exercer (3) Palefrenier.

Il a justifié de son identité, conformément aux dispositions de l'article premier de la loi, en produisant à l'appui de sa déclaration (4) Acte de baptême.

Fait à Rueil, le 10 février 1904.

Le Maire :
Roger JOURDAIN.

On comprend bien le mécanisme : Hermann von Mumm accréditait Walter Kessler, lequel à son tour accréditait Auguste Maus, lequel à son

tour en accréditait un troisième. Ainsi la région
de Chantilly se trouvait-elle aussi étroitement
surveillée par les Allemands, dès le temps de
paix, que la région de Creil ou de La Fère. C'est
de cette façon que le grand état-major avait
jalonné, ici grâce à des installations industrielles,
là grâce à des fermes d'entraînement, la marche
ultra rapide des armées allemandes sur Paris.
Par ailleurs, les embochés, auxquels Hermann
von Mumm jetait de temps en temps un os de
cheval à ronger, allaient répétant qu'il était un
très gentil garçon et qu'il donnait des fêtes
superbes : ce pendant que l'on se serait bien
gardé de surveiller un monsieur qui avait de si
belles relations et plus d'un homme influent
dans sa manche.

Que sont devenus, depuis le début des hostilités, Kessler, Maus et Cie, ou mieux Kessler,
Maus und Gesellschaft, je n'en sais malheureusement rien. Ce que je sais, c'est que la *Ferme
des Aigles* est toujours là, qu'elle avoisine la
ligne de chemin de fer, et que des gens infiniment suspects ont continué à circuler dans
la région de Chantilly, qui n'auraient dû, à
aucun prix, avoir accès dans la région de Chantilly.

Il ne faut pas oublier, en effet, que le trafic de
chevaux est un des plus fructueux du temps de
guerre.

La Ferme des Aigles. — On pense bien que, si je creuse ainsi la question de l'espion Hermann von Mumm, c'est parce qu'elle est une des plus importantes et des plus caractéristiques de l'avant-guerre. Avant sa mémorable arrestation à Reims, au début de la mobilisation, cet espion notoire — le principal auteur de la dévastation de la Champagne par les hordes allemandes — avait en effet deux ordres, deux catégories de protecteurs : de gros bonnets du monde des affaires, subventionnés largement par lui, et qui prenaient ardemment sa défense, aussitôt qu'on faisait la moindre allusion au rôle probable, en France, du misérable... Un certain nombre de mondains, habitués de ses réceptions, bénéficiant de son écurie de courses et qui joignaient, en cas d'alerte, leur indignation à celle des précédents. Cette funeste association de sentiments antifrançais et d'intérêts proallemands se retrouve à mainte page du triste chapitre des embochés.

Voici maintenant un des résultats de ce joli travail. A l'approche des Allemands, en septembre dernier, un propriétaire bien connu et fort patriote, celui-là, fit partir de Chantilly son crack Nimbus, mais conserva à Chantilly tous ses chevaux de deux ans, dont un très estimé, un futur Nimbus. Quand les Allemands arrivèrent, des officiers boches se précipitèrent vers les écuries, réclamant Nimbus, — chose à la rigueur compréhensible, vu la célébrité du cheval, — entrèrent en fureur devant son box vide, puis coururent aussitôt au box du crack de deux ans et l'expédièrent en Allemagne. Les espions de la Ferme des Aigles les avaient ainsi exactement renseignés sur la valeur des chevaux qu'ils trouveraient à Chantilly. Mais ceci n'est qu'un échantillon de la besogne accomplie par Mumm, Kessler, Maus et leurs acolytes.

Quand un dîner officiel de quelque importance était annoncé, il arrivait que von Mumm allât trouver l'entrepreneur de ce dîner et lui offrît gratuitement son champagne, *à condition que le dîner fût servi par un personnel de son choix.*

L'agence de G.-H. Mumm, pour la France, était rue du Mont-Thabor, à Paris. Son représentant, honorablement connu dans les milieux viticoles, était M. Trémoulière, maire d'Omps, dans le Cantal.

L'AUTRE ESPION MUMM. — Passons maintenant au frère d'Hermann von Mumm, à Walter von Mumm. Ces deux scélérats s'étaient partagé la besogne. Il était entendu que Hermann von Mumm, vu ses relations et ses embochés, vu sa grande connaissance de la région, jouerait, à la déclaration de guerre. le « bon Français » et ferait l'impossible pour demeurer à Reims comme introducteur, guide et conseiller des armées allemandes. Cependant que Walter von Mumm préviendrait les événements et filerait prendre son service dans l'armée du Kaiser. Je note, entre parenthèses, que cette répartition des rôles du temps de guerre à travers les membres d'une même famille allemande établis soit en France, soit simultanément en France et en Allemagne, n'est pas une exception. J'en connais des cas assez nombreux. C'est un procédé commode, qui permet le « à-cheval » sur deux nationalités et l'option sentimentale, commerciale ou ethnique, selon le sens de la victoire. Pour tous ces cas ambigus, géminés, il manque heureusement à l'observateur impartial la seule pierre de touche décisive, qui eût été l'entrée des Allemands à Paris et la destruction systématique de la capitale.

Walter von Mumm, frère d'espion, espion lui-même, avait loué, sur la grand'route de Reims à Fismes, une propriété dite la *Ville-aux-Bois*, commune de *Jonchery*. Notez ceci : il avait *loué*, non pas *acheté*. Il évitait de même de figurer sur les annuaires mondains, où l'on pouvait lire au contraire : *H. de Mumm et Madame, née de Struve, avenue du Bois de Boulogne, 43. Téléphone : 646-63 et boulevard Lundy, 17, à Reims (Marne). Téléphone : 732.* Il était exemplaire de relire ces notices « bien parisiennes » dans le même temps que, sur les indications d'Hermann von Mumm et de ses semblables, les Allemands parachevaient la destruction par le bombardement du sanctuaire de Reims !... Walter von Mumm adorait la chasse comme délassement aux besognes de l'espionnage, et, tous les ans, on faisait environ quatre mille pièces d'élevage à la Ville-aux-Bois. Mais en février 1914, après un nouveau voyage en Allemagne — il s'absentait fréquemment — Walter von Mumm prévint ses gardes, qui avaient préparé poules et œufs, que l'on ne ferait pas d'élevage pour la prochaine saison de chasses.

Le *samedi* 25 *juillet* 1914, à dix heures du matin, l'intendant de Walter von Mumm fit avancer, devant le perron du château, une des trois voitures automobiles en garage, la Mercédès, complètement équipée pour un long trajet. Arthur, le chauffeur — rien de commun avec M. Arthur Meyer, directeur du *Gaulois* — avait été averti qu'une fois de plus on allait en Allemagne.

Le patron monta dans sa voiture, mais, avant son départ, il prévint son personnel que, quoi qu'il arrivât, il serait de retour dans trois semaines, entre le 15 et le 25 août. Plaisanterie de canaque teuton, que se sont offerte avec délices beaucoup d'officiers et de sous-officiers allemands, employés ou établis en France avant la guerre. Le dossier d'une des plus grosses affaires d'avant-guerre, celui de Creil, est bourré de déclarations fanfaronnes de ce genre, où

sonne la « gemüthlichkeit » de ces sanglants
cochons à têtes de veaux. Le voyage de Walter
von Mumm et d'Arthur se fit par un temps
magnifique et l'on arriva à Francfort. Mais dès
que l'on fut sur la terre d'Empire, le candide
Arthur fut très étonné de croiser tant de troupes
en marche. Son patron ne chercha pas à l'induire
en erreur. Il lui déclara franchement : « C'est
la guerre! » En débarquant à Francfort, Walter
von Mumm avertit son chauffeur qu'il n'avait
plus à se préoccuper de la voiture, que son service avait pris fin, et qu'il pouvait, si bon lui semblait, rentrer en France par ses propres moyens.
Ce à quoi Arthur parvint, après d'infinies difficultés, par la voie douloureuse de la Belgique.

Il résulte de cette véridique histoire que, dès
le mois de février 1914, les espions allemands
établis en France étaient prévenus de la date certaine de la déclaration de guerre. J'ignore dans
quel régiment allemand et sous quel uniforme
combattit depuis l'espion Walter von Mumm.

Il n'y a donc pas d'erreur : Hermann von
Mumm était un espion allemand beaucoup plus
dangereux, parce que plus intelligent, moins
impulsif et plus secret que Walter von Mumm.
C'est pourquoi les autorités allemandes lui
avaient conseillé de rester en France, alors
qu'elles convoquaient Walter sous les drapeaux.

Pour finir, un trait qui peint Walter von

Mumm. Il était à ce point excité contre les Français qu'on eut, un jour de chasse, toutes les peines du monde à l'empêcher de tirer sur des rabatteurs qui avaient commis quelque maladresse. Sans l'intervention des invités, le crime eût été commis. Le drôle, on le voit, avait tout ce qu'il faut pour faire un bon officier allemand.

LES ALLEMANDS SUR LE LITTORAL MÉDITERRANÉEN

De tous côtés me sont parvenues depuis le début de la guerre des plaintes et des protestations sur les étranges complaisances dont bénéficièrent, dans les Alpes-Maritimes, un certain nombre d'Allemands et d'Autrichiens considérés d'ailleurs comme des espions notoires. *A priori*, il semblait impossible que des réclamations émanant de personnes si diverses, dont plusieurs sont connues de moi comme particulièrement sincères et documentées, n'eussent aucun fondement. Les autorités des Alpes-Maritimes ne croyaient pas au péril de l'avant-guerre, ni au danger allemand. Mais aujourd'hui, on est bien forcé de croire à l'un et à l'autre, et ce n'est un mystère pour personne que cette région privilégiée de la France était devenue un repaire d'agents allemands des deux sexes.

C'est ainsi qu'un propriétaire d'hôtel, tenu par plusieurs pour un agent allemand, habitait dans l'hôtel *Prince de Galles* un somptueux appartement, au lieu d'être interné, comme ses pareils, à l'île Sainte-Marguerite. Pourquoi ? A quoi correspondait une telle faveur ?

C'est ainsi encore que le yacht de l'Autrichien Jellineck, directeur de la *Mercédès* et espion notoire, avait été soustrait indûment au séquestre et emmené du port de Cannes jusqu'à Monaco. Un messager spécial faisait chaque semaine le voyage de Nice à Vintimille pour recevoir et expédier la correspondance dudit Jellineck.

Vers la fin de janvier, l'on aurait surpris trois Allemands essayant de se dissimuler dans une malle expédiée de Marseille avec un chargement de coton. Ils furent arrêtés et menés à Nice avec trois autres de leurs compatriotes. Les gendarmes leur avaient naturellement mis les menottes. A leur entrée en gare de Cannes, un commissaire spécial adjoint se serait écrié avec fureur : « Enlevez ces menottes ! Les Allemands ne sont pas des bandits ! » La population cannoise devra offrir à ce fonctionnaire un exemplaire des atrocités allemandes, pour l'édifier.

Le jour même de la mobilisation, le sieur Thamme, sujet allemand, propriétaire de l'hôtel Montfleury, serait demeuré en permanence sur le quai de la gare, à la stupéfaction profonde des personnes présentes. La police, qui était présente et prévenue, n'arrêta pas immédiatement le sieur

Thamme. Le même Thamme, payant d'audace,
aurait déposé en pleine guerre une demande de
naturalisation !

On sait que Monaco était, après Bruxelles, le
second centre en importance de l'espionnage
allemand. C'est ainsi que le nommé Kurz, sous-
directeur du casino, sujet autrichien, placé à
Monaco par l'empereur François-Joseph, fut
interné à Sainte-Marguerite. Il avait été arrêté
le 4 août. On raconta qu'on avait découvert à
son domicile des plans et des documents com-
promettants.

Wicht, sujet allemand et directeur général du
casino, avait été expulsé le 13 août, après avoir
vainement tenté de se faire naturaliser moné-
gasque !

Quant à notre vieille connaissance, l'espion
mondain Uhde, de l'*Almanarre*, capitaine aux
hussards de Zieten, qui nous fit deux procès et
fut arrêté dès les premiers jours de la mobilisation, alors qu'il se sauvait en automobile, le
gaillard était propriétaire, à Monte-Carlo, de
l'immeuble occupé par un grand établissement
financier qui lui payait 45,000 francs de loyer
annuel. Herr Uhde était, comme on le sait, un
espion très chic, un espion huppé. Je ris en songeant à la tête que doivent faire les excellentes
poires qui prenaient auprès de moi sa défense,
au moment des procès. Mais je ne ris plus quand

je songe au métier que faisait contre nous cette
canaille de Uhde, dans sa superbe tranchée de
l'*Almanarre*.

Par ailleurs un de nos confrères des plus
distingués du Midi m'écrivit à ce sujet la lettre
suivante, en me garantissant la scrupuleuse
exactitude des stupéfiants détails qui y sont
contenus :

La Côte-d'Azur, notre Riviera française, est l'Eden des
Allemands. On se souvient avec quelle mansuétude furent
traités les biens et les personnes austro-allemands, alors
que les troupes du kaiser saccageaient nos départements
envahis au cours de la fameuse attaque brusquée qui les
conduisit à la défaite de la Marne. Il fallut une véritable pression de l'opinion publique pour faire cesser ce
scandale.

Aujourd'hui, c'est autre chose. Les biens sont saisis,
les hôtels et les villas sont séquestrés sous la haute
protection de l'administration; et ce sont les personnes
des Austro-Allemands qui bénéficient d'un traitement
de faveur, comme si le traité de Francfort leur était
encore applicable. Et cela au grand émoi des populations
françaises, qui restent stupéfaites d'une situation aussi
anormale.

Les Allemands, les Autrichiens sont bien internés;
mais ce n'est là qu'un plaisant euphémisme. L'internement pour eux consiste à être logés dans les meilleurs
hôtels, avec chambres au midi, couchés dans des lits moel-
leux et chauds. Si une femme mariée témoigne le désir
d'avoir son mari près d'elle, vite, vite, celui-ci, qui est
interné à l'île Sainte-Marguerite, va rejoindre sa compagne
à l'hôtel *Prince de Galles*. Là, il y a réceptions comme

aux grands jours de saison ; tapis dans les chambres, chauffage central, éclairage électrique : rien ne manque, et on nous cite l'exemple d'un sieur X..., boulanger à Cannes, qui, interné à Sainte-Marguerite, a rejoint son amie à l'hôtel.

Le jour des réceptions est le vendredi — *Veneris dies*, comme disaient les Latins. Les entrevues ont lieu dans les chambres, ce qui permet aux Allemands et à leurs amis d'échanger des correspondances qui échappent ainsi, en dépit du règlement, à la surveillance administrative.

Il y a mieux : on permet aux internés les visites en ville. Précisons : le 2 janvier, un Allemand, R. E..., propriétaire d'une villa, interné, a parcouru Cannes en voiture, allant faire ses visites du jour de l'An ; et ce n'était pas par faveur spéciale, puisque d'autres internés, dont tout le monde connaît les noms à Cannes, ont été rencontrés à travers la ville.

Si l'on procède par comparaison et que l'on examine la façon dont sont traités nos prisonniers et internés en Allemagne, on se demande si nous n'assistons pas à une attristante facétie administrative.

Lorsque tant de familles françaises sont, non sans raisons, inquiètes sur le sort de leurs enfants, n'est-il pas douloureusement décevant de voir les Allemands et les Autrichiens, si bien protégés d'abord, et si bien choyés ensuite dans ce pays de France dont les troupes du kaiser dévastent encore plusieurs départements ?

On en conviendra, il n'était que temps pour l'administration de mettre un terme à de pareils abus : faute de quoi, les pires suppositions devenaient possibles.

Je reçus encore d'un de nos excellents amis et

correspondants, M. Joseph Bérenger, de Cannes, la lettre que voici, d'un très vif intérêt :

Cannes, 10 février 1915.

Monsieur,

Les faits scandaleux que je vous ai signalés dernièrement et que vous avez bien voulu publier dans votre article du 21 janvier « Les Allemands Tabou », non seulement n'ont pas été démentis, mais ils ont reçu une confirmation officielle de l'administration préfectorale.

Des mesures, en effet, ont été prises immédiatement pour donner un commencement de satisfaction à l'opinion publique.

Ainsi, 1° : Les hommes mariés qui avaient rejoint leurs femmes à l'hôtel *Prince de Galles* ont été réintégrés à l'île Sainte-Marguerite. Il en a été de même de ce pôvre Charles Och, qui avait rejoint son amie ;

2° Les visites n'ont plus lieu à huis clos. Elles se font en présence de l'administrateur et ne durent que cinq minutes. Elles ont toujours lieu le vendredi, de midi à 5 heures, mais on ne nous dit pas si un interprète assiste l'administrateur, qui ne sait pas un mot d'allemand ;

3° Les sorties sont supprimées. La faveur du 2 janvier accordée au nommé Reg E. était due à la générosité du sujet de Guillaume qui a distribué des secours en espèces à diverses œuvres d'assistance.

Mais il reste encore bien d'autres mesures à prendre pour donner pleine et entière satisfaction à la population de Cannes. Et la première de toutes, c'est de traiter les Boches de l'hôtel *Prince de Galles* comme des internés et non pas comme des hivernants[1].

1. À la suite de cette campagne, les internés de l'hôtel *Prince de Galles* ont été transférés dans une autre résidence et ce magnifique local a été réservé aux blessés et convalescents français. C'est un résultat.

Ainsi, le service de santé de la 15ᵉ région, prévoyant l'arrivée de nombreux malades ou blessés, a demandé à la municipalité de Cannes 1 129 lits de plus. — « Ou les trouver? » — se demandait anxieusement le conseil municipal dans sa séance du 3 février.

C'est bien simple. Que M. le préfet veuille bien mettre à la disposition de la ville les 251 lits qu'il a requis pour les Austro-Allemands de l'hôtel *Prince de Galles*, ce sera déjà 251 lits de trouvés; et pour les 878 autres, la municipalité s'adressera aux propriétaires d'hôtels et de villas, et son appel sera alors favorablement accueilli.

Le traitement de faveur dont continuent à bénéficier les internés austro-allemands du *Prince de Gàlles* est un scandale qui doit cesser. Que M. le préfet, qui vient souvent à Cannes, se donne la peine d'interroger les internés français arrivés ces jours-ci, il apprendra comment ils étaient traités en Allemagne.

Puisqu'il faut encore trouver 1 129 lits, la ville de Cannes certainement en trouvera; mais que M. le préfet commence par rendre à nos malades et à nos blessés les 251 lits du *Prince de Galles;* les Boches..... coucheront sur la paille, comme nos braves territoriaux.

Veuillez agréer, etc.

J. Bérenger.

Ainsi donc, une certaine amélioration se remarquait dans la région et néanmoins, les mesures prises pour remédier aux scandales que j'avais dénoncés étaient encore incomplètes.

Entre temps, je demandai à M. B..., adjoint à la mairie de Cannes, s'il était bien exact, comme on me l'affirmait, qu'il fût rétribué par Jellineck pour l'entretien du fameux yacht auquel on avait évité le séquestre en favorisant son départ pour Monaco. Je demandai aussi à M. B... s'il avait été pour quelque chose dans ce départ. Je ne reçus aucune réponse de M. B...

Il faut croire que les liens qui attachaient certaines gens à la colonie allemande des Alpes-Maritimes et à l'espion Jellineck étaient bien étroits, bien serrés, car plusieurs Boches du littoral ont continués à jouir d'une scandaleuse protection.

Un étranger, domicilié à Nice, exerçant la profession de tailleur pour dames, — la couture aura joué décidément un grand rôle dans cette guerre, —ex-employé dans une maison de modes niçoise, venait chaque vendredi à l'hôtel *Prince de Galles* prendre les commandes des bochesses internées. Cet homme avait une sœur, mariée à un Allemand, internée elle-même dans cet hôtel. Le mari porte les armes contre nous. Or, l'homme faisait aussi fonction de vaguemestre. Il se chargeait de mettre à la poste la correspondance des internés, de façon à éviter toute investigation administrative. Cela était fort ingénieux, mais cela était aussi, on en conviendra, fort dangereux.

Beaucoup d'Allemands et d'Autrichiens, chassés de la région par la déclaration de guerre, étaient revenus ensuite effrontément avec un certificat de naturalisation suisse dans leur poche.

C'est ce qui amena un jour une bagarre à Menton, autour du nommé Georges Eckert, propriétaire de l'hôtel du Louvre, reparaissant comme néo-suisse, alors que quelques mois avant la guerre il aurait déclaré dans un banquet suisse : « Je ne suis pas Suisse, je suis Allemand. »

Un peu plus tard, on apprit que le sieur Wicht, déjà nommé, directeur général du casino de Monaco, se faisait porter ses appointements à Vintimille, à Diano-Marina. Kurz eut le toupet d'écrire pour demander qu'on fît mettre le gaz à sa villa de Monte-Carlo. Chose admirable, ces deux Boches avaient à leur disposition une nuée d'agents spéciaux, qui exerçaient une inquisition attentive sur les joueurs et le personnel, afin de chercher à découvrir d'où partaient les renseignements communiqués à la presse. Ils auraient dû être sous surveillance étroite et c'étaient eux qui surveillaient les Français! Je rappelle qu'avant la guerre, Bruxelles, Genève, Paris et Monaco étaient les quatre grands centres de l'espionnage allemand en Europe. Grâce à Wicht, à Kurz et à quelques autres, ces bonnes traditions ne se perdent pas. Si nous n'étions pas intervenus, il faudrait leur adjoindre Uhde, aujourd'hui heureusement interné à Saint-Tropez, en dépit de la caution de quelques salonnards, ses débiteurs et créanciers.

Pendant les semaines de villégiature forcée de

l'hôtelier Thamme à la station estivale de Thorenc, après la déclaration de guerre, ce Boche envoyait de temps en temps des malles ou valises à Vintimille, par l'intermédiaire d'un messager sûr. Un jour, vers la fin de septembre, ce dernier fut dénoncé en gare de Grasse à un honorable négociant de Cannes qui, à son arrivée dans cette ville, s'empressa de signaler le fait à un agent, lequel alla trouver son chef. L'agent revint bientôt après et pria ce négociant de s'occuper à l'avenir « de ce qui le regardait » !

Que contenaient ces valises? Mystère! Dans tous les cas, l'attitude de Thamme permettait toutes les suppositions, en dehors même du fait de les soustraire à tout regard indiscret. Ce Thamme, en effet, peu content d'avoir été envoyé à Thorenc par mesure de précaution, ne se rendit-il pas illégalement trois fois dans le camp retranché de Nice? C'est d'ailleurs le même qui a demandé sa naturalisation, et qui, à l'heure actuelle, se trouve à Bayonne, engagé, du moins on l'affirme, dans la légion, pour sauver son hôtel de Cannes.

On sait maintenant combien il faut se méfier de ces engagements *in extremis* et de ceux qui les pratiquent. Il arrive d'ailleurs souvent que ces engagés boches, désireux de se soustraire au séquestre et de dérouter les soupçons, s'ingénient ensuite pour se faire réformer à l'aide d'un truc quelconque ou pour s'embusquer dans un emploi de tout repos. Le tour est joué. Mais ce risque est encore préférable à celui que ferait courir leur présence réelle sous nos drapeaux.

Un Boche, se disant naturalisé récemment, habitait à Cannes. Quelque temps avant la mobilisation, cet individu déménagea à la cloche de bois et, craignant le séquestre, mit ses meubles en dépôt chez un déménageur. Il sous-loua sa villa et fila à Grasse.

Peu après, il revint habiter Cannes, dans un appartement meublé.

Cet individu aurait comme famille : un fils à Paris, une fille à Vienne (Autriche), un deuxième fils à Berlin, où il possède un tombeau de famille ; enfin, il a un appartement à Turin. Chaque année, il recevait de nombreuses personnes, toutes allemandes, séjournant à Cannes plus ou moins longtemps.

Contraste bizarre et illogique : X..., se disant Alsacien, était, avant la guerre, directeur d'une entreprise privée de police nocturne. Il fut arrêté, malgré ses protestations véhémentes, et interné à l'île Sainte-Marguerite. Jusqu'ici, rien que de normal, mais ce qui l'est moins, c'est que cet X... a un frère, Alsacien aussi, qui, lui, ne fut pas arrêté. Un jour, exaspéré par la détention de son frère, celui-ci alla trouver la police, pour lui demander d'où venait la différence de traitement entre lui et son frère. On lui répondit : « Cela ne vous regarde pas. »

Pour finir, voici un fait si extraordinaire que j'espérai longtemps le voir démenti en haut lieu, quoique le silence gardé sur mes précédentes révélations fût assez significatif. Quelqu'un de très renseigné m'écrivit ceci de Cannes :

Dimanche, 14 février, de 22 heures à 24, au Bar Américain, rue du Grand-Hôtel, avait lieu une conférence intime, donnée aux Alsaciens-Lorrains par un compatriote (?). A la stupéfaction générale, l'orateur conclut à la victoire de l'Allemagne!!! Je ne sais si cette conférence avait eu lieu en conformité de la loi, mais ce que je sais, c'est qu'aucune sanction n'a été prise contre l'individu qui eut l'audace de proclamer, en France, que l'Allemagne serait victorieuse.

La vérité est que l'audace des Boches, sur la malheureuse Côte d'Azur, ne connaissait plus de bornes. Timbrées d'Allemagne, distribuées par la poste française — ce qui est inouï! — arrivaient à quantité de gens, depuis le début de la guerre, de grotesques et d'infâmes circulaires. L'ennemi s'efforçait d'y établir que « la guerre était préparée, dès 1906, en Belgique et en France, par le clergé et les jésuites ». Comment se faisait-il que la poste française distribuât ces circulaires?

Mieux encore : à la suite de sa précieuse lettre, notre ami M. Joseph Bérenger, domicilié à

Cannes et qui avait accepté par patriotisme la fonction de sous-délégué de l'*Assistance aux convalescents militaires*, dont le préfet est le président d'honneur, fut victime des manœuvres exposées dans la lettre suivante :

Cannes, 2 mars 1915.

A M. Prax, délégué régional ; au prince Ghika, inspecteur régional de l'Assistance aux convalescents militaires, Marseille.

Messieurs,

Je m'empresse de vous accuser réception de votre lettre du 28 février.

En acceptant le mandat de sous-délégué de l'*Assistance aux convalescents militaires*, que vous avez bien voulu me confier, mon désir était bien de collaborer avec vous à une œuvre patriotique, et de servir ainsi mon pays pendant la durée de la guerre. Je pensais pouvoir le faire sans aliéner pour cela mon indépendance. Je me suis trompé.

Les motifs que vous invoquez pour me demander ma démission me prouvent que vous vous êtes mépris sur mes idées et mon caractère.

La trêve des partis, l'union nationale dont vous parlez, cette union sacrée si nécessaire en ce moment à la défense du pays, mes amis de *l'Action Française* et moi, nous l'avons, les premiers, hautement recommandée, soutenue. Les articles de Charles Maurras, de Léon Daudet, toute la collection de *l'Action Française*, en sont un témoignage éclatant.

. . . .

Depuis le début de la guerre, je me suis fait un devoir de suivre l'exemple donné par mes amis de Paris, en observant, malgré tout, la loi du silence patriotique.

Une seule fois, cependant, j'ai rompu ce silence. J'ai conscience de l'avoir fait sans compromettre en rien la défense nationale.

Me faisant justement l'écho de l'opinion publique indignée, j'ai adressé, le 15 février, à *l'Action Française*, une lettre de protestation contre le traitement de faveur dont jouissent, à l'Hôtel du *Prince de Galles*, les internés austro-allemands, et j'ai réclamé au préfet les 251 lits occupés par eux, alors qu'on n'en trouve plus pour nos blessés et nos convalescents.

Après avoir vainement réclamé à qui de droit, je jugeai qu'une protestation publique était nécessaire. Je ne me suis pas demandé, je l'avoue, si cette protestation était compatible avec mes fonctions de sous-délégué. Je n'ai considéré qu'une chose : un devoir à remplir contre un préfet qui ne remplissait pas le sien.

Mais le préfet, dites-vous, est notre président d'honneur ! — Raison de plus pour qu'il s'intéresse à nos convalescents, et pour lui réclamer, en faveur de l'œuvre qu'il préside, les lits réservés par lui à des internés allemands !

Et voilà pourquoi M. le préfet exige ma démission.

A moins que... Ici intervient une étrange démarche. Deux fois, le prince Ghika est venu me voir, et a essayé d'arranger l'affaire. Et quels moyens n'a-t-il pas employés ! — « Voyons, M. Bérenger, vous savez combien je regrette cet incident, mais tout cela peut encore s'arranger. Cela dépend de vous. Je ne dis pas que vous fassiez des excuses. Si seulement vous manifestiez un regret ! Si vous écriviez à vos amis de *l'Action Française* pour faire cesser cette campagne... ! Voyons, n'y a-t-il pas moyen de s'entendre ? . . . .

. . . .

Les lits ? Mais vous les aurez ! le préfet ne demande qu'à vous les donner. Mais, avant tout, que cette campagne cesse !... »

Le prince Ghika ne démentira pas, je suppose, ses propres paroles, que j'ai rapportées textuellement. Il n'a pas oublié ma réponse à cet odieux chantage. Votre lettre me prouve qu'il l'a fidèlement transmise à M. le préfet.

Vous voulez bien, en terminant, m'exprimer vos regrets et vos remerciements.

Je ne puis, malheureusement, vous exprimer les miens sans réserves.

Cette démission, exigée par M. le préfet, pour des motifs qui m'honorent, je la lui donne bien volontiers.

. . . .

Je vous donne donc ma démission de sous-délégué de l'*Assistance aux convalescents militaires*, mais je reste, malgré tout, membre du sous-comité de Cannes.

Veuillez agréer, Messieurs, l'assurance de mes sentiments distingués.

J. BÉRENGER.

Ces quelques **véridiques** histoires ne sont que la centième partie de celles qui courent sur le littoral méditerranéen, depuis le mois d'août 1914. Il y aurait tout un ouvrage à écrire sur l'embochement et les embochés du département des Alpes-Maritimes et sur l'incroyable scandale qu'ils ont donné au cours de la guerre.

L'ESPIONNAGE A NICE. — Voici quelle était l'organisation de l'espionnage allemand à Nice avant la guerre : Les agents du gouvernement allemand se réunissaient périodiquement, 2, rue Maccarani, chez un nommé Hohberg, exerçant le métier de libraire. Le libraire Hohberg était à

Nice ce que le magasin d'optique Zeiss était à Paris, ce que la boutique à Willy Cohn, l'espion de l'*Orenstein et Koppel,* était à Lyon. Ce Hohberg, qui ne dédaignait pas le commerce des livres obscènes, m'est représenté comme un homme insinuant et adroit. Il était intimement lié avec le fleuriste Hübner, 5, rue Masséna, autre espion notoire. Il fréquentait aussi une racaille de médecins, d'herboristes, de masseuses, de pédicures boches, dont il centralisait les renseignements.

Je recommande aux amateurs une feuille aujourd'hui assez rare, intitulée *Der Deutsche in Nizza, l'Allemand à Nice,* tirant à douze mille exemplaires, s'il vous plaît, et dont Hohberg se servait comme de lien entre tous ses espions subalternes. Lui-même rendait ses comptes au fameux Jellineck, directeur de la *Mercédès,* et à notre vieille connaissance Uhde, l'espion de l'Almanarre. Hohberg, Hübner, Uhde, Jellineck, et quelques autres, étaient chargés de préparer la fameuse jonction, pour le cas où l'Italie eût marché avec l'Allemagne. La neutralité italienne a évidemment jeté ces herren dans un grand désarroi. Ils avaient tout prévu, excepté ça.

Il est fort intéressant d'examiner avec soin un numéro du *Deutsche in Nizza,* attendu qu'il est, pour les initiés, un véritable répertoire de l'espionnage allemand à Nice. En première page est fortement recommandée une *Reichsadler-Apotheke*, pharmacie « anglo-russe », qui est, en réalité, une pharmacie boche, dirigée par un Boche. On devine pourquoi il avait soin de qualifier sa boîte d' « anglo-russe ». Puis, viennent une réclame en faveur des masseurs médicaux Th. Müller, une réclame en faveur **du Kamerate Hübner**, — le bruit a couru que celui-ci, pris en flagrant délit, au moment de la mobilisation, aurait été fusillé, mais je n'en crois rien, — et une réclame en faveur d'un sanatorium. On sait que, s'ils sont gérés par des Allemands, les sanatoria, par le secret qui est assuré à leurs pensionnaires, constituent des abris commodes pour des officiers allemands en activité, se livrant aux douceurs de l'espionnage.

Les pages 2 et 3 du *Deutsche in Nizza* sont une simple nomenclature de Boches « très recommandés », appartenant un peu à toutes les professions, où je relève les noms du doctor Aronsohn, 15, Promenade des Anglais; du doctor Wolff, 35, rue Pastorelli; du doctor Rosenthal, du doctor Schütz, etc., etc. Le tailleur pour dames Rohweder, 11, rue Adélaïde, a les honneurs d'une case tout entière. Il était, en effet, d'après mes correspondants, un des meilleurs auxiliaires de Hohberg.

A la page 3, Hohberg écrit, en allemand : « *Dans l'intérêt du germanisme (Deutschtum) à l'étranger, je prie qu'on recommande au loin ma boutique et qu'on ne quitte pas Nice sans avoir rendu visite à mon cabinet* allemand. » Le mot « allemand » est souligné comme je le fais ici. On sent que Hohberg se retient pour ne pas imprimer carrément : « Je suis, à Nice, un des chefs de l'espionnage allemand. Prière de ne pas s'y tromper. » En vérité, l'aplomb de ces coquins avait dépassé toute mesure. D'ailleurs, personne ne les gênait dans leurs manœuvres criminelles. La police fermait complaisamment les yeux.

D'après tous les renseignements que j'ai recueillis jusqu'ici, renseignements qui fourniraient la matière de six gros volumes, les quatre centres — Paris et sa grande banlieue mis à part — de l'espionnage allemand en France étaient les suivants : Reims, Creil, Nice et Cherbourg. Dans ces quatre villes, les Allemands étaient comme chez eux.

L'ESPIONNAGE ORENSTEIN ET KOPPEL

Je commence par résumer en un certain nombre de propositions les points précédemment acquis, incontestables et incontestés, concernant la maison allemande Orenstein et Koppel, dont je me suis déjà longuement occupé dans *l'Avant-guerre;* et qui, décidément a la vie dure.

1° M. le sénateur Marcel Saint-Germain —

sénateur d'Oran — était président du conseil d'administration de la société des *Établissements Decauville* — wagonnets et tracteurs — naguère fusionnée avec la société *Orenstein et Koppel et Arthur Koppel* de Berlin, mais qui évidemment va désormais se séparer d'elle et recouvrer son indépendance à la fois industrielle et nationale[1]. La fusion s'était faite dans les conditions suivantes (consulter à la fois le *Journal des Banquiers* et *l'Allemagne en France* de Louis Bruneau, ouvrage de bonne foi, d'une méticuleuse exactitude, que je ne saurais trop recommander) :

La société Decauville cédait à Orenstein son usine de Belgique; elle lui permettait de fonder en tout temps de nouvelles succursales, *sous le nom de Decauville;* Orenstein

---

1. Aux dernières nouvelles, à l'Assemblée générale du 2 avril 1915, tenue au Siège social des *Anciens Établissements Orenstein et Koppel et Arthur Koppel réunis,* 31, rue de Londres, la résolution suivante a été prise :

RÉSOLUTION

Après avoir entendu l'exposé du Conseil d'administration, l'assemblée, conformément à ses conclusions, décide d'abandonner la dénomination :

« Société Anonyme pour la Construction de Matériel de Chemins de fer, ANCIENS ÉTABLISSEMENTS ORENSTEIN et KOPPEL et Arthur KOPPEL Réunis »,

Et de la remplacer comme suit :

SOCIÉTÉ LILLOISE DE MATÉRIEL DE CHEMINS DE FER

« LA LILLOISE »

Cette résolution est adoptée à l'unanimité.

Tout semble donc bien qui finit bien.

et Koppel obtenaient encore l'engagement que Decauville se bornerait à fournir la France et ses colonies, l'Allemagne gardant le monopole sur le reste de l'univers, Decauville reprenait sous son nom toutes les succursales établies en France par la firme allemande soit sous son nom, soit sous des masques français. Et enfin Decauville s'engageait à commander en Allemagne toutes les locomotives, excavateurs, pelles mécaniques, auto-déchargeurs, etc., qui pourraient lui être demandés par sa clientèle de France et des colonies. Ainsi, la « fusion d'intérêts » de Decauville avec Orenstein aboutissait pratiquement à établir en France, sous le masque d'une raison sociale bien française, le monopole industriel d'une maison allemande qui raflait nos commandes et notre argent en surprenant notre confiance. De plus, la firme Orenstein bénéficiait de toutes les relations bancaires, politiques et industrielles que possédait Decauville, en son pays natal et, ainsi qu'elle le disait dans une circulaire confidentielle à ses succursales en France, la maison prussienne « comptait profiter pleinement de cette situation privilégiée. »

2° Le président du Tribunal civil de Lyon, M. Pélagaud, par jugement en date du 5 décembre 1914, a ordonné la mainlevée de séquestre pour la succursale à Lyon de la maison *Orenstein et Koppel et Arthur Koppel.*

3° Quelques semaines auparavant, Willy Cohn, le directeur de cette même succursale à Lyon de la maison *Orenstein et Koppel et Arthur Koppel* ÉTAIT CONDAMNÉ PAR DÉFAUT A TROIS ANS DE PRISON POUR ESPIONNAGE PAR LE CONSEIL DE GUERRE DE LYON.

La maison *Orenstein et Koppel* de Paris avait
pour directeur le juif allemand Wohlgemuth.
Formé par la maison de Berlin, celui-ci, au moment de la fusion, à peine âgé de vingt-huit ans,
avait été mis à la tête de la maison de Paris. Il a
un frère, propriétaire d'une papeterie allemande
séquestrée.

Le directeur de la vente pour la région de
Paris, au moment de la mobilisation, était un
nommé Gerechter, officier de réserve dans l'armée
allemande. Le voyageur de ce service était un
nommé Lippmann, lequel connaissait sur le bout
du doigt tous les casernements de la région de
Nancy. Car on sait, comme je l'ai établi dans
l'Avant-Guerre, qu'*Orenstein et Koppel* était particulièrement chargé de l'espionnage des forts
de l'Est. Ce Lippmann avait remplacé le nommé
Jacob, qui avait quitté la boîte pour accomplir
un stage d'un an dans l'armée allemande. Le
nommé Franck était à Paris directeur du « matériel occasion », service des plus importants,
avant de se rendre à Bordeaux. Schwartzhild,
espion notoire, était son directeur.

La succursale de la maison *Orenstein et Koppel*
à *Fives-Lille* était destinée à jouer un rôle important dans l'occupation de cette malheureuse
région, si j'en crois la liste, datant de deux ans
environ, des employés, qui me fut transmise par
un bon Français, naguère égaré dans cette four-

milière boche. La voici, sauf erreur dans l'orthographe de certains noms :

Directeur de l'usine : *Max Heller ;* directeur de la vente : *Rimmelée ;* voyageur : *Gasparius ;* chef de bureau pour le dessin : *Timler ;* ingénieur, marié dans le pays : *Lühde ;* dessinateurs : *Münke, Hartmann, Jacobson ;* ingénieur-délégué : *Mau ;* employé : *Hille ;* sténo-dactylo : *M*^ll° *Gebhardt.*

C'est assez coquet, comme l'on voit, et on aurait peine à soutenir que de pareils personnages étaient « bien français ». Quant à la maison de Paris, on me signale, pour la même époque 1912, la composition suivante : *Neisser,* directeur de la branche dite « *Decauville* » ; *Prausnitz,* directeur de la branche *Koppel ;* ces deux branches étant tenues, en fait, par une même main, notoirement allemande. Venaient ensuite l'agent *Schwartzhild,* déjà nommé, l'agent *Lévy,* — lequel avait des cartes de visite au nom de *Lyon,* — le voyageur *Jacob,* déjà nommé, — le comptable *Richter* — qui quitta Paris pour Bruxelles, où il prit le nom de *Massey* — l'agent *Seelmann.* Ce *Seelmann* quitta *Koppel* en 1912 pour Bruxelles, où il prit le nom de *Hesse.* Ensuite il partit pour l'Argentine. Enfin, je citerai l'agent *Jarecki, Jansens,* qui a depuis quitté *Decauville* pour entrer chez *Borsig,* à Berlin, les voyageurs *Carl Bendix* et *Stataghen.* Ces deux derniers avaient quitté *Koppel* pour s'installer ensemble rue Lafayette et s'occuper de la représentation de diverses firmes allemandes.

A Nancy, vers 1912, on citait l'Allemand *Schönnseld*, mis de côté depuis, le voyageur *Daunenbaum*. A Marseille, le voyageur *Lippmann*, à Toulouse, le directeur *Ernesti*, lequel avait été antérieurement à Lille. A Bordeaux, *Franck*, déjà nommé, était devenu directeur de la succursale. Cette liste est loin d'être complète, elle est néanmoins fort caractéristique. J'insiste sur les changements de nom des agents d'*Orenstein et Koppel*, changements de nom destinés à donner le change sur leur nationalité véritable et à faciliter la besogne d'avant-guerre. Ce procédé a été fréquemment employé par les plus dangereuses des boîtes allemandes établies en France, et il semble leur avoir été d'une grande utilité.

Par ailleurs, une de nos compatriotes, professeur de français à Berlin, surprise par la guerre, internée pendant trois mois et finalement rapatriée par l'ambassade d'Espagne, m'a adressé ces lignes intéressantes :

Oui, monsieur, l'établissement « Orenstein et Koppel » est bien allemand. La maison mère est à Berlin, Schonebergerufer, près de Tempelofer-Ufer. J'en connais le directeur et les principaux chefs. Leurs filles étaient mes élèves. La maison de Paris a comme directeur et sous-directeur des Allemands. L'un d'eux, nommé Schonlicht, a francisé son nom en Chénély et est très répandu dans la société parisienne. Mes jeunes élèves, m'ayant rencontrée à Berlin pendant les hostilités, m'ont désignée à la foule comme Française. J'ai été l'objet d'un rassemblement hostile. Tout ce monde criait : « A bas la France, à bas les Français ! »

Voici, pour terminer, le rapport confidentiel de la boîte allemande *Orenstein et Koppel* à ses actionnaires au moment de la fusion avec la maison, jusqu'alors française, *Decauville* :

RAPPORT CONFIDENTIEL

En vous référant aux communications qui vous ont été faites dans nos derniers rapports, nous vous faisons encore savoir que, par suite de l'entente établie entre nous et la firme *Decauville*, celle-ci s'engage à restreindre son champ d'action à la France et aux colonies françaises.

Decauville reprend toutes nos succursales françaises, ainsi que notre usine française de Fives et elle s'engage à commander chez nous toutes les locomotives, excavateurs, pelles mécaniques, auto-déchargeurs et, en un mot, tout le matériel qu'il ne fabrique pas lui-même dans ses propres usines. Il est clair que cet état de choses nous réservera des commandes très importantes, car dans les derniers dix-huit mois, *Decauville* a commandé environ 175 locomotives chez *Borsig* et pour un million d'excavateurs à *Luebeck*.

Toute la partie des affaires d'exportations nous sera entièrement réservée; nous reprenons toutes les succursales et les agences de *Decauville* à l'étranger et nous avons le droit de les dissoudre ou bien de les laisser subsister.

Nous avons également le droit d'établir, en tout temps, de nouvelles succursales sous le nom de la maison *Decauville*, si nous le désirons.

L'accord intervenu sur la collaboration entre les deux firmes prévoit également une participation de chacune d'elles dans l'autre; ainsi, M. *Boyer*, administrateur-délégué de *Decauville*, entrera dans notre conseil d'administration, tandis qu'un de nos messieurs appartiendra au conseil d'administration de *Decauville*.

L'usine belge de *Decauville* établie pour l'exportation à Val-Saint-Lambert, sera reprise par nous. Cette usine est surtout très bien installée pour la fabrication de la voie rivée, dans quel genre de fabrication la maison *Decauville* est très capable et peut facilement lutter contre le matériel allemand. La maison *Decauville* nous est tout à fait supérieure dans cette branche, nous avons pu le constater souvent.

Notre direction générale compte continuer à Val-Saint-Lambert, la fabrication de la voie rivée et elle compte, en même temps, transformer cette usine pour la construction des wagonnets par grande quantité, car dans cette spécialité la Belgique est très capable, surtout en raison des prix avantageux des tôles et de la main-d'œuvre très réduite. Dans cette usine seront donc spécialement construits : des wagonnets de construction ordinaire, berlines de mine, etc.

L'usine de Val-Saint-Lambert se trouve à proximité des usines d'*Ougrée*, entre le chemin de fer et le fleuve la Meuse. Cette situation avantageuse permet de recevoir les rails directement par voie d'eau, du bassin de Ruhr.

Dans ses usines de Fives, *Decauville* compte principalement construire les wagons à marchandises, ainsi que, peut-être, les wagons auto-déchargeurs de notre construction, car, pour la fabrication des autres genres de matériel, *Decauville* possède déjà des usines bien installées; l'usine principale de *Decauville* se trouve à Corbeil.

Dans cette usine, que notre sieur *Alfred Orenstein* a visitée dernièrement. on construit également des voitures à voyageurs et, cela, d'une façon très perfectionnée.

Pour la Société du Nord-Sud, c'est encore *Decauville* qui a fourni presque la totalité des voitures et il a encore un grand nombre en fabrication.

Étant donné que *Decauville* sait lutter très avantageusement contre la concurrence dans la branche des voitures à voyageurs, nous comptons de notre côté également poursuivre avec intérêt, à l'avenir, ce genre d'affaires et nous pouvons alors compter sur l'appui de l'usine de Corbeil. Nous attendons donc déjà, à l'heure actuelle, des demandes de ce genre.

Avant de terminer, nous voulons encore attirer votre attention sur les résultats financiers considérables qu'entretient *Decauville* avec les banques françaises et d'autres entreprises, et cela, aussi bien en France qu'à l'étranger; à l'avenir, il nous serait possible de profiter pleinement de cette situation privilégiée. Il sera donc possible, pour nous, de donner le mot d'ordre dans tous les établissements industriels établis avec les capitaux français et nous comptons profiter pleinement de la situation qui nous est offerte.

Nous prions donc nos représentants de donner un rapport sur tous les genres de projets ci-dessus, pour que nous puissions faire les démarches nécessaires, appuyés par *Decauville*.

Principalement, pour ce qui concerne le côté financier de la construction des chemins de fer à l'étranger, nous nous promettons des résultats splendides, par suite de ces nouvelles relations avec les banques françaises, car les projets que nous avons à l'étude actuellement n'intéressent en général pas les marchés financiers allemands, mais il est fort probable que ces affaires peuvent être reprises en France et que les banques françaises voudraient s'occuper du côté financier.

La décision définitive sur l'accord intervenu entre

Orenstein et Koppel et *Decauville*, sera prise dans une assemblée générale, laquelle aura lieu au plus tard fin juin 1911.

LA QUESTION DU NICKEL

Quelques mots seulement au sujet de la question du nickel, qui a en temps de guerre une grosse importance :

D'après des renseignements absolument sérieux, il n'y avait, au mois d'octobre 1914, en Allemagne, que 35 000 tonnes de minerai de nickel, soit, à 5 p. 100, 1 750 tonnes de nickel pur. Ce qui explique les hauts cours actuels qui sont de plus de 6 000 francs la tonne. Tout le monde sait que le nickel est aussi indispensable à la fabrication des canons qu'à celle des cuirasses de navires, des pare-balles et des balles allemandes. Or, il n'y a de nickel connu et exploité, ou exploitable, qu'au Canada ou en Nouvelle-Calédonie.

Au Canada, la compagnie étant américaine, des mesures ont été prises par le gouvernement du Canada, ainsi qu'en fait foi une note du *Times* du 28 décembre. En Nouvelle-Calédonie, à côté des mines très importantes, les plus considérables du monde, exploitées par la Compagnie française du Nickel, nous savons qu'il y a une autre concession qui s'appelle la *Société des Mines Nickelifères et du Mont-Do réunies.*

Cette *Société des Mines Nickelifères*, au capital d'un million de francs, est établie à Paris, rue d'Aumale. Elle a été créée, suivant annonces légales du 14 octobre 1912, par la *Compagnie Silésienne des Mines*, dont le siège est de nom à Bruxelles, 59, rue de Namur, mais qui — son titre même l'indique — est entièrement allemande et appartient à la maison Krupp. La *Compagnie Silésienne des Mines* possède, sous une forme française, la concession que nous citons plus haut, et, d'autre part, la *Gesellschaft Schlesische Nickelwerke*, dont les mines sont à *Proukenstein* (possession de la maison Krupp). Voir la *Revue financière* de M. F. Laur, du 22 décembre 1910.

Le directeur apparent, suivant la coutume allemande, de cette exploitation en Nouvelle-Calédonie, est un Français. Tous les actionnaires de la *Société Silésienne des Mines* sont allemands. Or, nous savons qu'à fin novembre aucune mesure n'avait été prise pour mettre sous séquestre cette propriété allemande, très mal déguisée d'ailleurs, mais très protégée par des influences locales. Du reste, il n'est pas besoin d'une longue enquête pour savoir qu'il y a, en Nouvelle-Calédonie, beaucoup de résidents allemands, établis depuis une quarantaine d'années, et dont l'ancienneté de séjour a empêché l'expulsion.

Du moment que l'Allemagne conservait l'exploitation de ces mines, rien ne lui était plus

aisé que d'exporter du nickel dans une fausse
direction, pour le faire ensuite parvenir en Allemagne. Chacun comprendra que c'est l'enfance
de l'art.

LE PERSONNEL DE DIÉLETTE

La chose est aujourd'hui très claire : si l'Angleterre n'avait pas fait la guerre à nos côtés et
assuré le blocus de la flotte allemande, l'Allemagne comptait faire de Diélette la base navale
de ses sous-marins dans la Manche. Elle a dû
renoncer à ce beau projet. *Pendent opera inter-
rupta.* Mais voici d'intéressants détails rétrospec-
tifs sur le personnel de Diélette avant la guerre
et dans les premiers jours de la guerre.

L'espion chef de Diélette était l'Allemand
Raders. Il poussait activement tous les travaux.
Ceux-ci comprenaient une tour d'extraction, en
ciment armé, de 45 mètres de haut, munie de
moteurs électriques. Ces moteurs se trouvent à
l'étage au-dessous de la plate-forme supérieure.
Les bâtiments où fonctionnent les machines four-
nissant la force motrice avaient été commencés
en avril 1912. En septembre 1913, les machines
étaient en essai.

Raders était assisté de l'Allemand Müller, qui
de temps à autre passait des inspections. Raders
quitta la mine le 1er août, à six heures du soir.
Il fut arrêté et, d'après les derniers renseigne-

ments, se trouverait actuellement dans un camp de concentration. Je préviens qu'il est d'excellente prise.

Le grand wharf, construit en ces derniers temps, n'avait encore jamais été utilisé jusqu'au mois de juillet 1914. Le 25 juillet 1914 arriva le premier vapeur, dont le chargement, effectué en vingt-quatre heures, donna toute satisfaction par la rapidité avec laquelle il s'accomplit. La date est significative. Huit jours avant sa déclaration de guerre à la France, l'Allemagne procédait à la répétition générale de son Gibraltar de la Manche.

Raders avait sous ses ordres les agents allemands dont les noms suivent : Otto Hefter, Gersner, Stief, Réval, Klagès, Lemmgen et Knippchield. Klagès et Knippchield sont partis le samedi 1er août. Gersner, Stief, Réval et Lemmgen ne sont partis que le 28 août et ont pu circuler librement jusqu'à cette date. Une pétition, demandant la cessation de cet état de choses, fut même adressée au maire, me dit-on.

Otto Hefter — espion allemand des plus habiles, dont je possède la rarissime photographie — était à Diélette depuis le 27 février 1914. Soi-disant monteur, il ne travaillait guère. Il avait été amené de Creil — centre de l'espionnage allemand pour le nord de la France — par l'espion allemand Strobel, se donnant comme ingénieur, qui venait lui aussi, de temps à autre, à Diélette. Il y séjourna notamment du 3 au 6 juillet. Le 26 juillet, Otto Hefter partit brusquement, au reçu d'un télégramme lui annonçant, dit-il, « que son frère avait été écrasé par un train »! En réalité, le gouvernement allemand, qui tenait à lui et à ses services, le rappelait, comme il avait rappelé Walter von Mumm et quelques autres, particulièrement précieux.

Strobel avait encore accrédité à la mine un prétendu Suisse, employé comme monteur. Cet homme a quitté le pays un mois seulement après la mobilisation. Il y est revenu vers la fin de janvier, s'est rendu à la maison où il prenait pension et a brûlé une grande quantité de papiers contenus dans une malle qu'il avait laissée là. Il est reparti le lendemain. Ces monteurs touchaient à la caisse directement toutes les sommes qu'ils voulaient sur des ordres venus d'Allemagne. Les divers directeurs de Diélette n'eurent jamais aucune initiative, ni aucune autorité réelle.

Raders, outre son emploi de chef des espions allemands de Diélette, était encore chargé de la surveillance des explosifs que la société de Diélette, par autorisation spéciale, gardait en dépôt. La dynamitière, très vaste, creusée dans la falaise

sur une étendue en galerie de 150 mètres de
longueur, pouvait recevoir 2 000 kilos de dynamite. A côté d'elle, une autre chambre souterraine renfermait de la cheddite et de la mélinite.
Le 2 août 1914, 500 kilos de dynamite arrivaient
encore à Diélette, expédiés d'une usine située
près de Honfleur.

Le 9 août, l'autorité militaire se faisait remettre
658 kilos 150 de dynamite, 902 kilos 100 de
cheddite, 41 kilos de mélinite, 3 221 amorces
électriques, 59 amorces ordinaires, 13 kilos
de cordon bickford, 18 kilos de mèche à mine
et 970 litres d'essence. Le 12 août, les câbles
du chemin de fer aérien furent coupés. Le
15 octobre eut lieu une inspection générale des
bâtiments. C'est alors que l'on s'aperçut qu'une
partie de mine avait été volontairement inondée,
afin de rendre l'exploration totale impossible.
Une main inconnue avait fait fermer les portes
de serrement des étages 90 et 150, laissant les
eaux d'infiltration envahir les galeries. Persuadée
qu'elle n'est pas au bout de ses découvertes
quant aux travaux d'avant-guerre de Diélette,
l'autorité compétente, d'accord avec l'administration, cherche actuellement — et non sans
peine — à débrouiller l'écheveau compliqué de
cette audacieuse entreprise allemande, la plus
audacieuse sans doute de toutes celles qui avaient
été dirigées contre la candeur et l'aveuglement de

nos compatriotes par le gouvernement de Guillaume Boche.

Telle était, dans ses lignes principales, la formidable organisation préparée, sur nos côtes de l'Ouest, par l'effort conjoint du grand état-major allemand et du métallurgiste allemand Auguste Thyssen.

KIPFMÜLLER A CHERBOURG

J'ai consacré tout un chapitre de *l'Avant-Guerre* à l'espionnage allemand à Cherbourg, à la *Hamburg-Amerika*, et à l'extraordinaire protection accordée aux compagnies boches de navigation. Mais je n'avais pas prévu que cette situation privilégiée de la *Hamburg-Amerika* — dont le directeur général Ballin est conseiller privé et ami intime de Guillaume II — se continuerait pendant la guerre et que l'agent principal de cette compagnie allemande, Kipfmüller, continuerait à en bénéficier.

Kipfmüller est un agent civil. Sujet allemand, installé depuis dix ans à Cherbourg, il fut dispensé, pour myopie prononcée, du service militaire en Allemagne. Vers 1910, il épousa la fille d'un conseiller municipal socialiste de Cherbourg. Ce mariage a fait de Kipfmüller le cousin d'un aide-major de première classe de la marine, conseiller général de la Manche, jouissant d'une très grande influence dans le pays.

Par une mesure toute bienveillante, les biens de Kipfmüller ont échappé au séquestre. Le 15 novembre 1914, *le Temps* publiait l'entrefilet suivant : *Le Tribunal de Cherbourg a mis sous séquestre les biens appartenant aux nommés..., etc. Pareille mesure n'a pu être prise en ce qui concerne Kipfmüller, directeur de la Hamburg-Amerika, sujet allemand, ce dernier habitant en commun avec son beau-père, sujet français.* Or, à la fin du premier trimestre 1914, Kipfmüller avait quitté la maison qu'il occupait, 12, rue Saint-Clément, averti de l'imminence d'un conflit armé par les renseignements que son chef direct, herr Ballin, conseiller privé de Guillaume II, lui adressait de Berlin.

Jusqu'au 5 août, cet agent de Ballin put circuler librement à Cherbourg. A cette date, il fut autorisé à résider dans la propriété de son beau-père, à douze kilomètres de notre port de guerre, auquel elle est reliée par un tramway. Il était confié à la garde débonnaire d'un douanier. Il est à supposer que cette garde fut peu vigilante, car, en septembre 1914, Kipfmüller fut, à plusieurs reprises, aperçu circulant librement, lui Allemand, directeur d'une compagnie allemande, dans Cherbourg, place de guerre en état de siège. Il continuait à gérer son agence, à laquelle un commissaire spécial faisait, de temps en temps, une visite anodine. Les employés de cette agence surent mettre à profit cette indulgence insolite. Ce ne fut que le 6 août qu'un poste secret de télégraphie sans fil fut découvert sur le *Bon-Voyage*.

D'autre part, Kipfmüller, préférant sans doute le panorama de la rade, s'installa à l'hôtel Millet, à Landemer, d'où il pouvait surveiller, à la lorgnette, tous les mouvements du port, . quand, à la mi-août, l'ordre vint soudain de Bordeaux de l'interner à Tatihou. Aussitôt, sa famille fit de pressantes démarches pour obtenir à Kipfmüller l'autorisation de s'engager dans la légion étrangère. L'agent eût trouvé à cet arrangement le double avantage d'échapper à l'internement et d'acquérir la nationalité française. Cette nationalité, il l'avait, bien entendu, demandée à cor et à cris, le lendemain de la déclaration de guerre. Après dix ans de séjour, ses sentiments francophiles se révélaient tout à coup. Plus tard, il n'eût pas manqué d'invoquer sa myopie prononcée pour obtenir sa réforme. Mais la farce eût été jouée.

Cette autorisation, le ministre la refusa à Kipfmüller. Informé de cette décision vers la fin de janvier, l'agent directeur de la *Hamburg-Amerika* ne se tint pas pour battu. Grâce à des manœuvres qu'il serait intéressant de connaître par le détail, il obtenait, au début de février, l'autorisation de se rendre *seul* à Cherbourg, pour y contracter un engagement dans la légion étrangère. Par un heureux hasard, l'interdiction ministérielle précéda de quelques heures l'autorisation préfectorale.

Ajoutons ce détail qu'au cours des années 1913-1914, Kipfmüller avait été pris d'un goût très vif et soudain pour l'automobilisme. Il fit l'acquisition d'une voiture, et rayonna continuellement dans les environs de Cherbourg, la plupart du temps sans compagnon. Le directeur de la *Hamburg-Amerika*, dont tous les bateaux devaient être, en cas de guerre, transformés en croiseurs auxiliaires, avait besoin de connaître parfaitement la côte du Cotentin, en vue des opérations maritimes que Guillaume II et von Tirpitz considéraient comme imminentes.

FIN

TABLE DES MATIÈRES

DEUXIÈME PARTIE

TROISIÈME PARTIE

QUELQUES CONFIRMATIONS

IMPRIMÉ

PAR

PHILIPPE RENOUARD

19, rue des Saints-Pères

PARIS